幸せな人生に「夢」なんていらない

浅桜 新
Arata Asakura

フォレスト出版

はじめに

「あなたの、夢はなぁに?」

初めて聞かれたのは、幼稚園のときだった。

びっくりした。考えたことがなかった。

楽しいことを聞くかのようにニコニコしながら見ている先生に、僕は答えることができず、他の子たちが書いている夢を見て真似た。

「あなたの、夢は何ですか?」

次に聞かれたのは、小学生のとき。将来の夢の発表会だった。

戸惑った僕は、また他の人の答えを真似するために、ハキハキと答える友人たちの夢を逃さないように聞いていた。

野球選手？　これは無理だ。僕は、運動は得意じゃない。

お金持ち？　これもイメージが湧《わ》かない。駄菓子屋のお菓子でさえ、満足に買えないのに。

アイドル？　この顔でか⁉

どの答えも、僕に当てはまる気がしなかった。

答えが見つからず、どうしよう？　と焦っているうちに、僕の番になった。

先生に名前を呼ばれた。

僕は時間を稼ぐようにゆっくりと立ち上がった。でも、答えが見つからないまま、そのままの姿勢で停止した。

みんなが、僕の言葉をじっと待っている。

その視線に耐え切れなくなって、僕は言った。

「夢って……、何ですか？」

みんな大爆笑だった。先生も呆《あき》れたような、困ったような顔をしていた。

そうか。夢が何かわからないって恥ずかしいことなんだ。

夢を持たないと幸せにはなれないんだ。

夢を持たなきゃ。夢を持とう——。

それが、僕が夢を持つに至った最初の入り口でした。


中学3年生の僕の夢は、志望校に受かることでした。

偏差値的には無理だけど、行きたかった高校を受験しました。

例年、その学校の競争率は1・2倍。当時競馬好きだった僕は、1・2倍とは、つまり、ミホノブルボン並みに負けるわけがないという理論を構築。お前の合格率は万馬券並みだと煽《あお》る担任の教師を振り切って、ゴール板を駆け抜けました。

大学受験。夜には自動販売機とヤンキーがたむろするコンビニ以外には灯りすらなかった九州の片田舎で育った僕は、旅行で東京に行ったときに深夜まで車が走っていることに驚愕《きょうがく》。

「さすが東京。眠らない街ばい。ここには、きっと僕の夢が眠っとるけん」

と夜光虫のように引き寄せられて、東京の大学を受験。予備校ライフを1年挟んだ後、東京でのキャンパスライフを手に入れました。

大学生活では、一人暮らしの解放感から、憧《あこが》れた眠らない街で、眠り続けてしまいました。就職活動では、その気分のまま、「一番楽な会社に入る」というコンセプトで会社をチョイス。100社以上受けて、見事にすべての会社に不合格。

「これではダメだ。本当にやりたい仕事を見つけよう」と意識転換。翌年やりたい仕事を見つけてなんとか入社することができました。


これらを夢と呼んでいいなら、それなりに夢が叶っている人生、とも言えます。

でも、感じたのは、喜びではなく空虚感。どれも、僕が願ってきたことなのに……。

たしかに夢が叶った一瞬はうれしい。でも、一瞬だけで幸せな気持ちが持続しないのだ。望んできたことと結果が合わない。だから、空虚感が僕を包む。


「夢って、何ですか？」

また、ここに引き戻された。

*

でも、高校受験、大学受験、就職。終わってみれば、びっくりするほど普通のこと。それは多くの人が通っていく道。

そんな最大公約数のような人生は、夢のある人生とは言えないんじゃないか。だから、空虚になるんじゃないか？

芸能人、インフルエンサー、起業家、身近な友人でさえも、自分よりもっとキラキラした生活を送っている。比較をすると、恥ずかしい気持ちになる。

だから、もっともっと大きな夢を持たなくてはいけない。そう思って、いろんな成功者の本を読み漁《あさ》りました。

まとめると、だいたいこんな感じです。

「成功者とはすごい結果を出しているかもしれない。だけど、決して天才ではないのだ。まだ見ぬ夢に向けてたゆまぬ努力をしたから成功者になっている。君にはその覚悟があるか？　努力をしているか？　言い訳をしていないか？　さあ今努力を始めよう。そうすれば君も成功者の仲間入りだ。君が僕の仲間になるのを待っている」

それを読んで、僕は思いました。
そのとおりだ！　僕が甘かった。
もっともっと目標に向かって努力をしよう！
そしたら、僕も夢を叶えた成功者になれる！
誰もが認め、憧れの生活を送れる成功者に！

それからというもの、ビジネスに必要とされる能力を獲得すべく努力しました。
タイムマネジメント、人脈づくり、目標設定、モチベーションアップ、プレゼンテーション能力、英語、ＭＢＡ。夢の実現のため、１週間……、２週間……、３週間……、頑張りました。
そしたら、１カ月後……、
頑張るのをやめていました。

「いやいや、何やってんの？　やる気あるの、自分？　そんなんで、夢が叶うわけないでしょ」と、また頑張り始めました。
そしたら、1か月後……、
やっぱり頑張るのをやめていました。

＊

僕って……、もしかして……、ダメな奴なんじゃないか……。

たいした能力もない、たいした努力もできないダメな人間、だから当然、夢も叶わない。成功者になれない。そんな自分……。

僕の夢は叶わない。だから幸せにはなれない。

このまま、たいしたことのない人生を送りながら朽ち果てていくのか……。

そんなやるせない気持ちと、それでも人生もあきらめきれずに過ごしているなか、とある本に出会いました。

それは、『ストア』という哲学の本。

哲学なんて、学生時代に何度か授業でかじったものの、興味が持てませんでした。

古《いにしえ》の外国人が「イデア」とか「形而上学」とか、簡単に言えばいいのに、難しい言葉を押し付けてくる。簡単な言葉をあえて難しくする奴らは信用がならない。

そんなイメージだったので、普通なら、即スルーするところですが、なぜか気になって、ちょっと読んでみたら……。

めちゃくちゃ夢中になったのです。


２０００年前の人間なのに、日本で言うと弥生時代の人間なのに、まるで、現代のことがわかっているかのように、僕の悩みに応えてくれるんです。

「僕のこと見てるんじゃないか？」ってキョロキョロしてしまったくらい。

それは、２０００年前には存在したのに、現代の人間が忘れてしまった「幸せについて」の答えでした。

その答えの１つが……、

「夢とか見るから、幸せになれないんだ」

です。

「人間とは無なのである」と仙人みたいに人生を諦観《ていかん》しているわけではありません。「もう恋なんてしない！」みたいに、開き直って、捨て台詞を言っているわけでもありません。

「夢を見ると、なぜ幸せになれないのか？」を論理的に解説してくれたのです。そして、どうすればいいのかという道標も提示してくれました。

人間が人間である限り、人の本質を貫く言葉とは、決して色褪《いろあ》せないものです。だから、その言葉は、昔の言葉でありながら、今語りかけられているかのような言葉になるのです。

僕は、子供のときのように、今に現れた大昔の男に問いかけた。

「夢って、何ですか?」

これは、僕が2000年前の男と出会った不思議な体験の物語——。

幸せな人生に
「夢」なんていらない

目次

装幀◎河南祐介（FANTAGRAPH）
装画◎わいっしゅ、ぽち
本文デザイン◎二神さやか
本文ＤＴＰ◎株式会社キャップス

第1章

僕たち、まだ本気出していないだけ?

この何もない、普通の毎日が、自分が夢見た将来だったのか？

ここは都内の、とある大衆居酒屋。

ビールを片手に、僕は人生について目の前に座っている友人に語りかけていた。

「僕の人生さ、このままでいいのかなって、たまに思うんだよ」

友人はホッピーをかき混ぜながら、急にどうしたという顔で僕のほうを見ている。

「なんかやりたいことあんの？」

「やりたいことっていうかさ、僕たちの人生って特別なことが何もないよな」

「そうだなあ。まあ、普通の人生だよな」

「普通も普通。超普通だよ！」


そう、僕の人生は普通なのだ。

社会人5年目になり、人生も28年が過ぎた。

なのに、いまだに特別なことが何もない人生なのだ。

学生の頃はまだ良かった。部活の全国大会で優勝とか、美少女との甘酸っぱい青春とか、華やかな生活とは無縁の学生時代ではあった。けれど、志望校に受かりたいという夢があった。志望校に受かるなら、将来は明るくなるのだと思っていた。まわりから認められる特別な何かになれると信じていたのだ。

それなのに、大人になるにつれて、夢と現実が離れていく。

志望の大学に入れば、特別で華やかな人生になるという期待は、入学1年目にして脆《もろ》くも崩れ去った。華やかな人間は華やかなところに、そうじゃない人間はそうじゃないところにキレイに区分けされていく。自分は自分。以上でも以下でもない。

そもそも志望校に入るための努力というものが、圧倒的多数による圧倒的普通の選択でしかない。そこから特別な未来を描き出せるはずもなかった。

だから、自分の未来をつくるためには、自分磨きが必要。

将来のために専門スキルを身につけたいと英語を勉強した。成功者の言葉をたくさん聞いた。たくさんの本を読んだ。人脈づくりのためにいろんな場所に顔を出した。

でも、就職活動では、入社を夢見た会社に落ちた。次に目指した会社にも落ちた。

そのまま連敗は続き、最終的には、試験を受けるまで名も知らなかった会社に就職して、なんとか無職を免れた。

その会社で取引先には頭を下げ、上司には叱られながら、その日その日をこなしていくのが精いっぱいの毎日だ。


これが、僕が夢見た特別な人生なのか？

そんなわけはない。こんなのダメに決まってる！

今のままではダメなのだ。

でも、どうやったらこの状態から抜け出せるんだ。

「普通の人生」とは、傷つかないで済む魔法の言葉!?

「宝くじでも買うかー？」

友人は僕にそう言いながら、枝豆をぽいっと口に放り込む。

「当たるわけないだろ」

「いや、わかんねー。誰かが当たってんだから。そもそも買わなきゃ当たんないし」

「そりゃ、そうだけどさ」


そうは言ったが、そうじゃないんだ。夢を願ってお手軽に夢を買う。

万が一当たればうれしいが、当たらなくても、束の間の夢が見られるならいい。

そんな思いは、むしろ夢を手放している。

そんなことに夢を託しているから変われない。

だから、僕たちは普通なんだ。

駅に立ってまわりを見渡せば、疲れた顔をして、下を向いて歩くサラリーマンのなんと多いことか。多くの人たちは特別ではない人生を送っている。

だから、僕の人生は普通。みんなと同じように下を向いて歩く普通の人生なのである。

普通とは、高くも低くもない平均値。みんなと一緒だから大丈夫。そんな印象を与える。

でも、僕の本心は知っている。

普通とは、特徴をすべて消し去ったところに残る、何もなさである。

何一つ秀でたことを成しえなかった、その他大勢に贈られる名称である。

普通の人生とは、何もできなかった自分を傷つけないための魔法の言葉なのだ。

何者かになる人生、どうすればなれる？

そんなやりきれない思いを抱え、僕はビールをぐいっと飲み干した。

「すいませーん。おかわりください」

僕は近くの店員に呼びかけた。

ビールは、なくなれば次を頼めばいい。

でも人生は違う。人生のないは、そんな簡単には埋まらない。

僕の人生には多くのものが「ない」。

お金がない。
彼女もいない。
誰かに誇れることもない。
自分が誰かのためになっているのかもわからない。
名声なんて当然にない。

「ない」ものから「ある」ものになりたい。

人より能力がある自分。
人に認められる自分。
お金がある自分。
欲しいものが手に入る自分。
自分の思うように未来を描ける自分。
そんなふうになりたい。
自分の人生が特別なものと思いたい。

……目の前では、友人が、何度目かの枝豆を、ぽいっと口に投げ込んでいる。

そんな普通の光景を払いのけるように僕は言った。

「僕たち、今は普通だけどさ。これまで本気で頑張ってきたかって言われればそうじゃないと思うんだよ。成功してる人ってのはさ、どこかで覚悟を決めて本気で頑張ったから成功してるんだ。僕たちもさ、今からだって覚悟を決めて頑張れば、何かやれるんじゃない？」

「そういうもんかなー」

「そうだよ！　今のままじゃあさ、僕たちは何者でもない。その辺に落ちている石ころと変わらない。無意味で無価値な存在だよ」

「そうだよなー、もっと頑張んないとな」

「やる気ないなー。なんか人生変われる方法、考えようよ」

「そうだなあ……。あー、そうだ」

友人は何か閃《ひらめ》いたような顔をした。

「なんか思いついた？」

「サウナ」

「サウナ⁉」

「友達がさ、サウナにハマッてんだけど。人生変わるから一回行ってみろって」

少しでも期待した僕が馬鹿だった。ため息をつきながら答えた。

「サウナなんかで、人生が変わるわけないだろ」

「そうかなあ。スッキリすると思うけど」

「スッキリしたいんじゃないんだよ。人生を変えたいんだよ。成功したいんだよ。スッキリしたって、明日はまた普通じゃあ意味ないだろ」

「そうは言ってもなあ……。じゃあ、やっぱり宝くじか」

これでは堂々巡りだ。埒《らち》があかない。

「もうそれ食べたらもう帰るか。明日早いし」

「あー、ちょっと待って！　〆に焼きおにぎり食べるから！」

「え？　今から⁉」

僕は残った沢庵をかじりながら、友人が食べ終わるのを待った。

「サウナねぇ……」

このときの僕は、そう思っただけだった。

第2章

「幸せの見方」を知ると、人生は変わる

夢と現実のはざまで

それから数日後のこと、僕の職場では、怒声が響き渡った。

「お前、適当な仕事してんじゃねーぞ！」

この声の主は上司。怒りの対象は、この僕だ。

「このプレゼンが、どれだけ大事なものか、わかってねーのかよ！」

上司の怒りは止まらない。

「こんな大事なプレゼンの時間を間違うってどういうことだよ！」

大手ゼネコンが主催する住宅開発プロジェクト「ドムス・アウレア」。今日は、そのプロジェクトへの参加を賭けた大事なプレゼンの日だった。

嫌なことばかりの会社だと思っていた会社で、初めて僕がワクワクした仕事。絶対にこの仕事をやりたいと、全力でプレゼンの準備をしてきた。

打ち合わせの時間は、たしかに5時と聞いていたんだ。電話で5時であることも確認した。なのに、相手の認識は15時になっていた。だから、我々が打ち合わせをすっぽかす形になった。

単純なミスだ。エビデンスを残していなかった。でも状況は単純なミスでは済まされない。

取引先へのお詫《わ》びの帰り道に、上司から言われた。

「もういい。お前は外れろ」

たったひと言で、僕はやりたかったプロジェクトから外された。


なりたい姿と現実とのギャップ。いつでもそれが僕を苦しめる。

夢など見ても叶うわけがない。でも、夢を見なくては生きていけない。

このはざまでいつも揺れているのが僕なのだ。

そして、今まさに夢見た仕事も外された。現実の姿にため息をつく。

現実から逃げたい

誰もいない帰り道、一人、公園を歩く。夜の風が冷たい。

心の中の空間は、果てしなく荒涼とし、孤独といらだちという風が吹きすさぶ。

そこに、僕はなすすべもなく立っている。

その空間を吹き飛ばすように、僕は一人で叫んでいた。

「くそっー！　なんで僕はこんななんだよ！」


そのとき、見慣れない一軒の建物が、僕の視界に入った。

建物全体が白で統一され、入り口の左右を包むように並んだ多くの大理石風の柱が、昔のヨーロッパの建物のような荘厳な雰囲気を醸し出している。

「なんだ……、この建物……」

昨日までまったく気が付かなかった。

入口には、こう書かれていた。

「SAUNA POIKILE」

「さう…な　ぽい…きれ。……サウナ⁉」

「ふーん、サウナか」と、普段であれば、そのまま通り過ぎたであろう。

でも、そのときの僕は違った。

あのときの僕は、なんでもいいから、この現実から逃れたかったんだ。

熱気との格闘、湧き出る思い

「らっしゃっせー！」

受付で、20代くらいの男性が迎える。

日焼けした浅黒い肌、ウェーブのかかった髪と少しあごひげを生やしたいでたちは、いかにもチャラい男という感じだ。

時代がかった外装と違い、店の雰囲気はいたって普通だ。

奥には扉があり、サウナのほうへとつながっているのだろう。

受付を済ませた僕に、店員が指し示す。

「その先がサウナになってますんで。ゆっくりお楽しみくださーい」

まず脱衣所で服を脱ぎ、サウナに向かう。そして僕は、サウナ特有の重たそうな扉に手をかけた。

中が見えない……。誰かいるのかな……。
こういうとき、少し緊張する。
扉を開ける。
サウナ特有の熱気が、僕にまとわりつく。熱気に慣れ、視界が開ける……。
誰もいない……。

少し安心しながら椅子に座った。中には、木製の長椅子、古びた砂時計、時計、温度計、それ以外には何もない。少し古びたサウナだが、逆に趣があり、薄く霧がかかったようなその空間は少し幻想的な印象も感じる。

熱い……。
この熱さからの解放を願って、僕は時計を見る。
1分、2分。
熱が呼吸に絡みつく。
さらに時計は進む。3分…4分……。

玉のような汗が体に滲《にじ》む。

熱気と格闘するだけの何もない空間。この何もなさでは、嫌でもいろんなことを考える。

仕事での失敗。そしてプロジェクトを外された自分。

運が悪かったんだ……。おそらく同じようなミスをする人間はたくさんいるだろう。

僕はそんなに悪いわけではない。

しかし、本で読んだ成功者は言う。特別なことを成し遂げるには、格別な意志が必要だ、と。

僕は、そんな気持ちで仕事と向き合えていただろうか。

そうではなかった。だから失敗して、いつも自分は成功することができない。夢を叶えることができない。

僕には、もっと努力が必要だ。もっと本気でやれば、人生はきっと変わるんだ。

温度計は90度を示している。熱と孤独は、僕の思考の幅を奪い、心の奥底を覗《のぞ》き込んでくる。

いや違う。違うんだ。

僕は、いつだって本気で頑張っている。全力で取り組んでいる。本気を出しても間違って、本気を出してもこの程度なのが僕なのだ。なのに、自分の隙《すき》を見つけては、それを責めることで、本気を出していない振りをしている。そうしなければ、あとに残るのは絶望だ。本気になった自分が何も変えられないと認めてしまったら、この後どうやって生きていけるんだ。何の希望もない人生を……。

そう思わないために、僕は本気を出していない状況を必要としている。

本当の自分はもうわかっている。

僕には夢を叶える能力はない。僕の夢は、ずっと叶わない。

不思議な男との出会い

ただでさえ熱さでうつむいた頭が、さらにうつむく。

汗が落ちる。気持ちが落ちる。

なにが、人生が変わる、だ。サウナなんかで、人生が変わるわけない。

意味がない。もう出よう。

そう思って立ち上がった瞬間だった。


「どうした青年。暗い顔してるな」

「！！！」


誰もいないはずの場所で、ふいに届いた声。僕は心臓が飛び出るほど驚いた。

横を向くと、一人の男が座っていた。

日本人離れした彫りの深い顔、年齢は40代くらいだろうか。筋肉質だが、しなやかで引き締まった体をしている。その横顔は、涼しげな優しさを感じさせる一方、深い憂いを帯びた印象も受ける。どこかミステリアスな男だ。

いつの間に入って来たのだ。入ったときは誰もいなかったのに。

その男は、僕と目を合わせずに前を向いたまま、再び口を開いた。

「仕事を……、外されたのか？」


どうして⁉

なぜ僕の考えていたことがわかったのか？

声を聞かれていた？

口に出していたつもりはなかったのに。

知らぬ間に自分の思いを聞かれた気まずさがあふれる。早くこの場を立ち去りたい。

でも、サウナで二人だけ。何も言わずに出ていくのは、もっと気まずい。

「聞こえてましたか。すいません！　恥ずかしくて死んじゃいそうです」

僕は恥ずかしさを隠すため、おどけてみせた。


だから幸せになれない⁉

男は表情を動かさずに言った。

「いや、心配しないでくれ。オレは存在しないようなものだから」

不思議な気の使い方をする。どれだけ影が薄い人間だろうが、聞かれたことが消えるわけではないのに。

「僕、何を言ってましたか……？」

「夢が……、叶わない…と……」

心で言った言葉を赤の他人にリアルで聞かれる。こんな恥ずかしいことはない。

「す、すいません！　うるさかったですね」

「いや……、そんなことはない」

「一人だと思ってたんで、愚痴が口に出ちゃってたみたいです……。ホント恥ずかしいです。すいません。僕、もうそろそろ出ますから」

そう言って僕は立ち去ろうとした。

「愚痴か。悪いことじゃない。それは、自分の抱えている問題がわかっているということだから」

男は続ける。

「問題はそのまま元に戻してしまうことだ。せっかく問題を把握しても、それで満足してしまっては意味がない」

その言葉が僕を刺激した。「努力が足りない」と言われたような気がしたのだ。

そのままにしたくてしているわけではない。お前に僕の何がわかるのだ。

「そんなの、わかっていますよ。でも仕方ないじゃないですか。夢を見たって、実現しないんですから。頑張ったって、欲しいものは全然手に入らない。きっと僕の努力不足なんでしょうけど……。成功したくたって変わらないものは変わらないんです。成功できるものなら成功したいですよ」


その男は、じっと前を見ている。それから低く落ち着いた声で言った。

「君は成功したいのかい？」

「そりゃあそうですよ」

「夢を叶えたいのかい？」

「そりゃあ夢を叶えたいですよ」

そう答えた僕にその男は意外なことを言った。

「なぜだ？」

僕はいらだちを覚えた。

「なぜって？　そりゃあそうでしょう。みんなそうでしょう。誰だって、夢を叶えたい、成功したい。いつか夢にたどり着けることを願って、ツラくても頑張っているんです。いつか幸せになれるように頑張っているんです」

僕の言葉を聞いて、その男は押し黙った。

こんな話で納得するなら、聞かなければいい。

そう思った僕に、その男は耳を疑うことを言ったのだ。

「そうか。だから、君は幸せになれないんだな」

「なんでですか？　なんで頑張ったら幸せになれないんですか？」

次の瞬間には、僕はそう言っていた。

サウナの熱気も影響したのだろうか。これまでの人生を否定された気がしたのだろうか。

少し感情的になっていた。

「これまで生きてきて、親にも先生にも世間にも、ずっと夢を目指せって、目標を目指せって言われてきました。いい学校に入るために、いい就職をするために、いい生活を送るために、もっとお金を稼ぐために、人から認められるために。そのために、みんな頑張っているんです。もっと成功したい！　もっと幸せになりたい！　って、少しでも夢の姿に近づくために頑張って何が悪いんですか⁉」

僕は完全に頭に血が上っていた。

その男は、感情に任せて話す僕の言葉をじっと聞いていた。

「だってそうでしょう？　夢のために頑張るのは素敵なことなんです。現実でも、ドラマでも漫画でも、どんなところでも、頑張って夢を実現した人の姿はかっこいいです。僕もそんなふうになりたいんです……。

それなのに、夢の姿なんてちっとも見えてこない。僕のところには全然近づいてこない。でも、いつかそうなりたいって。そんな姿に憧れて、ずっと頑張っているんです。それなのに夢を叶えても、成功しても幸せになれないって、そんなことないですよ！」

夢や成功＝幸せ？

男は黙って聞いていたが、やがて口を開いた。

「夢を叶えることや成功すること。それと幸せになることは別の問題だ。夢や成功は君を幸せにはしない」

「幸せと別の問題なんて、そんなことありますか？　だって、夢を叶えている人、成功している人は幸せそうだ。だから、僕らだってそうなりたいと思ってるんじゃないですか」

「君が言っている**夢や成功というのは、『欲望』のこと**だからだ」

「欲望？　欲望だっていいじゃないですか？　何がいけないんです？　それを叶えるのが夢だし、夢を叶えるのが幸せじゃないですか。お金だって欲しいし、いい生活だってしたいですよ」

「では聞くが、いくらお金があれば満足なんだ？」

「それは……、一生生活に困らないお金でしょうか」

「一生困らないお金が手に入ったら、その後はどうする？」

「そのお金で、安心して一生を暮らします」

「残念ながらそうはならないんだ。今度は、もっといい生活を望むようになる。いい生活を得れば、次はもっといい生活をしたいと望む。でも、もうそのときには、いい生活とは思わない。当たり前になっていくんだ。そして、自分よりいい生活をしている人を羨《うらや》むようになる。今の君のようにね。**欲望というのは際限がないんだよ。**だから、欲望を叶えることが幸せだとすると、幸せは必ず訪れないいんだ」

「そうでしょうか？　僕にはよくわかりません」

僕は、男の話を即座に否定した。


男はゆっくりとした口調で話を続ける。

「例えば、子供のころ、欲しくてたまらなかったもの。新しいゲーム機を買った記憶はあるだろう。買ったときは飛び上がるほどうれしくて。夢中でやったはずだ。あれほど欲しくて夢中になったゲーム機は、今どうなっている？」

もう、どこにあるかもわからない。

「**欲望というのは、次へ次へと更新されていくんだよ。**まわりが新しいものを手に入れれば自分も欲しくなる。自分が欲しかったものなんてどうでもよくなる。だから、君の言う成功を幸せとするなら、君は一生幸せにはなれないんだよ」

欲望は更新されるから、夢を叶ったという状態に居続けることはできない。だからって、何もしなくていいということにはならないだろう。何もしなければ何も変わらないのだから。

「でもじゃあ、どうすればいいんですか？　努力したって意味がないって言いたいんですか」

幸せの見方、幸せの検証

その男はタオルで額の汗をぬぐい、首を振って髪をなびかせた。

「努力をしなくていいわけではない。君の努力が足りないわけでもない。ただ、君は**《幸せの見方》**を知らない」

「《幸せの見方》……」

「そうだ。それを知らないから、君は幸せになれないんだ」

「それって……、どういうことですか？」

「君は、幸せを1つの見方でしか見ていない。常識という1つの見方でしか見ていないんだ。幸せだと思っているものが、本当にそうなのか？　不幸と思っていることが、本当にそうなのか？　**〈幸せの検証〉**が必要だ。大勢に支持されたリコメンドの幸せの見方ではなく、**君の検証を経た《幸せの見方》**。その見方が、君の幸せに、強度と柔軟性を与えてくれる」

「〈幸せの検証〉……？」

「そう。例えば、このサウナという場所……。君はこの熱い空間は好きかい？」

「いえ、好きではないです。熱くて……。もうそろそろ限界です」

「では、冷たいのはどうだろう？　サウナの後は水風呂が定番だが」

「いえ、冷たいのも……。正直寒いだけだと思います」

「でも、サウナというのは、君の嫌いな、その2つをやるからこそ、体を整えてくれる」

その男の体からも汗がしたたり落ちている。

「人生もまた、『本当にそうなのか？』の検証なしで、１つの見方に偏ってしまう」

その男は汗をぬぐった。

「君が欲しいと思っているものが、君にとって必要なものとは限らない。君は欲しいものを手に入れようとしているが、そうではない。本当は必要なものを手に入れなければならないんだ」

「必要なものを手に入れる……」

「そうだ。**必要なものを手に入れれば、欲しいものは必要なくなる。**つまり、夢は必要なくなる。人生に夢なんて必要ないんだよ」

人生を整えるサウナ、誕生

人生に夢なんて必要ない。《幸せの見方》を知らないのだと男は言う。でも、そのために、〈幸せの検証〉が必要なんて言われても、どうやっていいかわからない。

「でも、それってどうやればいいのか……」

男は言った。

「このサウナは君が《幸せの見方》を知るのに役に立つだろう。君が求めるならば、これからそれを教えよう」

《幸せの見方》を知る。そうすれば人生が変わる。

ずっと努力をしたつもりで、何も夢が叶わなかった僕にとって、もうどうにもできないとあきらめかけていた僕にとって、こんな魅力的な言葉はなかった。

だけど、サウナで出会った、誰とも知れない赤の他人に人生を学ぶ。そんな馬鹿なことやるわけがない。熱さでおかしくなったと思われても仕方がない。

でも、あのときの僕は、何かを変えるきっかけが欲しかった。それだけじゃなくて、この男の不思議な佇《たたず》まいに魅了されたのかもしれない。

たしかな理由はわからない。

でも気がつくと、僕はこの男の言葉にうなずいていた。

僕がうなずくのを見て、男もうなずいた。

「君が入ってもう15分が経つ。そろそろ限界だろう。また来るといい。このサウナで人生を整えるといい。オレはこの場所で待っている」


たしかにもう限界だった。熱さで少し朦朧《もうろう》としている。

僕は男に促されるまま、サウナの外に出た。


サウナに入る前に比べると、少しだけ心も体も軽くなった気がする。

体はまだ火照っているが、悪くない感じだ。

サウナは人生を変える。

やっぱりそんなわけはないと思うが、あの男の言うことをもう少し聞いてみたいと思ったことも事実だった。

また、時間があるときに行ってみよう。

そう思いながら、僕は家路についた。

第3章

「夢」の正体

「常識」という滞留物を流し去り、「思考」という血を巡らせる

数日後、僕はサウナの前に立っていた。

僕には1つの疑問があった。

今日は、あの男は来ているのだろうか？

考えてみれば「ここで待っている」とは言っていたものの、いつだっているわけがない。

そしてもう1つの不安。

なんか変な人じゃないだろうか？

昨日不安になってサウナのことを調べた。サウナには「主」と言われる人がいるらしい。サウナの常連客で、顔役と言った存在だ。「主」は、気さくに他のサウナ客に話しかけてくるらしい。あの人もきっとそういう人なのだろう。暗い顔をした僕を見て心配して話しかけてくれたに違いない。

でも、もし何か変な人だったら？

まあいい、不安になっても仕方がない。とりあえず行ってみるしかない。行くのはただのサウナだ。

それに、不安というなら、僕の人生自体が不安な状態だ。それが変わるきっかけになるなら、多少のことは目をつむろう。

僕は、あの男が言った**「《幸せの見方》を変える方法」**がどんなものか聞いてみたいのだ。

意を決した僕は、再びサウナの扉を開けた。

「らっしゃっせー」

店員の声が僕を迎える。

受付を済ませて、サウナに向かう。

脱衣所で脱衣を済ませ、サウナの扉を開ける。

……誰もいない。

やっぱりいないか……。

主とはいえ、いつでもいるわけがない。当たり前のことに改めて気づく。

少々拍子抜けしたが、入るのも無料ではない。このまま帰るのはもったいない。僕はサウナに腰かけた。

壁をくり抜いたスペースに砂時計が飾られている。この趣のある少し古びたサウナの中でも一段とアンティークな雰囲気で、砂時計の支柱には翼の模様があしらわれていて、あたかも砂時計に翼が生えているように見える。

オーナーの趣味なのだろうか？　僕は、どこか神秘的な雰囲気の砂時計にしばらく心を奪われた。見ているうちに、体に汗が滲み出した。そうだ、目的は、古美術品を眺めることではない。時間を計らないと……。

僕は、改めて砂時計を見た。だが、一向に砂が落ちてこない……。

「これ、壊れてるんじゃないか？」

……よく見ると、かすかに砂が落ちている。

「なんだこれ!?　こんなゆっくりな砂時計、待っていたら、倒れちゃうよ」

僕は、少しボーッとしてきた意識を感じながら、砂時計を見ていた時間を悔いた。

「青年。また来たな」

ふいに低く落ち着いた声がする。驚きで意識を取り戻す。

横を向くと、あの男が座っていた。

「い、いつ、来たんですか？」

「今だ」

「そ、そうでしたか」

まったく気付かなかった。

男は、僕が体を向けている方向を見て、言った。

「……砂時計か？」

「あっ、はい。なんか素敵だなあと思って。アンティークな感じで。この羽の模様も」

男は砂時計を見ながら、少し沈黙した後に言った。

「砂時計の意味を知っているかい？」

「えっ、意味？？　時間を計るものじゃなくて、ですか？」

男はうなずいた。

「ちょっと……、わからないです」

「砂時計は、古来から死の象徴とされてきたんだ」

「そ…、そうなんですか」

死の象徴……。縁起でもないが、そんなことを言っていたら、全国のサウナで砂時間が置けなくなる。何と答えていいか困っている僕に男は言った。

「それで、学びに来たのかい？」

「えっ、あ、いや」

「隠す必要はないよ」

男は戸惑う僕を見て、からかうように微笑んだ。

少し恥ずかしくなった僕だが、気を取り直して言った。

「そうです。あなたの言う《幸せの見方》というものがどんなものか気になって」

男はそう言う僕のほうを、じっと見て言った。

「まっすぐな、いい目をしている。心の中を素直に言葉にできるのは、君の良いところだな」

僕は、急に褒められてドキッとした。

「そ、そうですか？」

「ああ、昔、私は教師をしていたことがある。そのときの教え子と同じ目をしている」

男は懐かしそうに微笑んだ。

先生をやっていたのか。どうりで言葉に説得力がある。

変な人かもしれないなんて思って申し訳ない気持ちになった。

「サウナという場所の効能は知っているかい？」

「えっと、汗を出して、スッキリするところでしょうか」

「そう。体を温め、血流を良くする。そうすると全身に血が巡り、体に滞留する老廃物を流し去る。そして、酸素や栄養を全身に送り届け、体を整えるんだ」

「はい」

「人間の心も、バランスを整えるには、血を巡らせる必要がある。**思考という血を。常識という滞留物を流し去り、思考を巡らして、君の心を整えていこう**」

「はい。よろしくお願いします」

「夢は人生に必要だ」という常識は、本当に正しい？

『《幸せの見方》を知る上で、まずは夢について考えてみよう。**『夢は人生に必要ない』**と言ったことを覚えているかい？」

もちろん覚えている。自分の価値観をひっくり返されるような衝撃があった。

「はい。覚えています。びっくりしました。夢が大切だ、夢を見るのが人生だって、ずっと思ってきました。『夢は人生に必要ない』なんて言われたのは初めてでした」

「そうだな。今の時代は夢にあふれている。職業、生活、お金、恋人、名誉。そういったものをより良く、より多くを得ることが夢という言葉で表現される。人々は夢の実現を目指し、実現できた人は賞賛される」

「そのとおりです。だから、僕はやっぱり夢は必要なものだと思うんです。自分の未来は今よりもっと素敵になっていたい。必要ないなんておかしいですよ」

「『夢は人生に必要だ』。それは今や常識だろう。だが、**常識ほど、人の目を曇らすも**

のはない。常識の前では、人は思考を止めるからだ」

たしかに、**常識がいつだって正しいとは限らない**。

かつて携帯電話はその名のとおり、電話をするものという常識だった。だが、今や、携帯電話とは、むしろチャットやネットやゲームをするものだ。古くは、太陽は地球のまわりを回っている。これが常識だった。常識とは変わっていくものなのだろう。だからと言って、「夢は人生に必要ない」ことが正しいとは限らない。常識とは、多くの場合、正しいことも間違いないのだ。

「夢」が危険である、3つの理由

「まずは君が常識だと思う夢への見方を変えていこう。夢とは何か？　夢は人生を破壊する危険なものなんだ」

僕は男が言いたいことがまったくイメージできなかった。

「夢が、危険なもの……ですか」

「そう。それには3つの理由がある」

【理由①】夢は未来に返済を延期した借金

「まずは、1つ目の危険について考えていこう。人はなぜ、夢を見るのだと思う?」

なぜ夢を見る? あまり深く考えたことはなかったが、答えは決まっている。

「それは、将来をもっと良くするため、もっと明るくするためじゃないでしょうか?」

「そう。夢とは将来をもっと良くするために見るんだ。だが、そう思うには、前提がある。その前提とは何だかわかるかい?」

「前提……。うーん、何でしょうか」

「前提は、**『できていないこと』があり、『それが不安である』**ということだ」

「できていないことがある。それが前提なのはよくわかります。だから、未来はできるようになりたいと思うんです。そうすれば、今よりもっと良い未来を送ることができます」

男はうなずいた。

「では、今度は、少し切り口を変えてみよう。人は時間の中を生きている。どんな時間を生きているかわかるかい？」

どんな時間？　仕事をする時間？　食事をする時間？　そういう話でもなさそうだ。

「うーん、わからないです」

「**人は過去、現在、未来を生きているん**だ。過去は〈これまでに生きていた時間〉。現在は〈今生きている時間〉。未来は〈これから生きる時間〉だ」

なるほど。たしかに人はその３つの時間を生きている。

「さて、**この3つの中で、夢を叶えられる可能性があるのはどこだ**と思う？」

急な質問は焦る。学校とかでも先生の急な質問には苦労させられた。

「え、えーと……、今を変えたいから夢を見るわけですから……。未来です！」

男は正解だというようにうなずいた。ほっと胸をなでおろす。

「過去は、すでに決まっている。現在には夢を叶える力がない。だから、未来に夢をみる。夢を実現できるのは、自分の変化が期待できる未来にしかない」

「たしかにそういうことになりますね」

「**だから、人は未来に夢を詰め込む。**いい仕事を得たい。いい収入を得たい。いい生活を得たい。いい恋人を得たい。ありったけの夢を詰め込む。そしてたっぷりと夢を詰め込んだなら、未来までの時間に、その実現を約束させる。だが、それはまるで**未来までの時間をツケにして借金をするようなものだ**」

「借金……、ですか」

「そう。借金だ。**人は今の不安を取り除くために、夢という形で未来を先買いしている。**だが、その未来が訪れるまでに夢が実現しないなら、不愉快な現在が現れる。いわば、借金の返済期日が訪れる」

「返済期日……」

「**未来の返済期限が近づけば近づくほど、君は返済に怯《おび》えることになる。**そして期限が訪れたなら、返済できない借金を前に、惨めな自分の姿と対面しなければならなくなる」

夢とは借金……。たしかに僕も、自分で夢という未来のイメージをつくり出しながら、それに近づけないことに苦しみ、近づかないまま未来が来ることに怯えていた。

男は言う。

「**人は不安があるから夢を見る。**夢と不安は、表と裏なんだよ。だから、人が夢を語るとき、同時に不安も語っている。不安のままでいたくない。未来よ、助けてほしい、と。夢とは、支払いを未来に延期した借金のようなものなんだ」

「…………」

「どうした？　黙ってしまったな」

「それはそうですよ！　夢って、もっと未来が開けるような明るいものだったのに、そういうふうに言われてしまうと、なんだか虚しくなっちゃうじゃないですか」

「**夢の姿を検証して、どのような姿をしているのかを正しく知るべき**だろう。そうでなければ、夢を見るのが苦しくなる。大きな夢を見れば見るほど苦しさが増していくんだ」

男の言うことはわからなくはない。だけど、現在が不安だという事実は変わらない以上、未来に夢を見るしかない。それなのに、未来に夢が見られないのだとしたら、もう行き場所がないではないか。たとえわずかでも可能性があるなら、現在に絶望するより、未来に居場所を求めたほうがいい。

「だからと言って、『ずっと不安なままでいろ』って言うんですか？　もしかしたら未来に夢を叶えることができるかもしれないじゃないですか」

　男は言った。

「現在が変えられないから、未来の夢に託すと言うが、よく考えてみてほしい。**今という、自分の手が届く時間もどうにもできないのに、自分の手が届かない未来を果たしてどうにかできるだろうか**」

「それは……」

「今の自分が不安だと思う気持ちはわかる。それでも、今の自分と向き合わなければならない。未来にどんな理想の場所をつくろうが、そこには我々は直接影響力を及ぼすことができない。不確実な未来を待って生きるより、今すぐに、この場所で生きたほうがいい。**今できないから、未来にやるのではなく、未来にできないから今やるんだ。**そのほうが、今も未来も良くしてくれる」

【理由②】夢とは本質的には叶わないもの

「では話を次に移そう。人生において夢が危険な理由の2つ目だ」

「ちょ、ちょっと待ってください！」

「どうした？」

「もう出たいんですけど」

「まだそんなに汗もかいていないだろう」

「いやサウナではなく、さっきの話で頭がクラクラしてきました」

「君に溜まった常識をすべて出してしまったほうがいい。そうでなければ、君の知りたい《幸せの見方》には届かない」

《幸せの見方》のことを言われると、僕は弱い。

「そう……、ですかね……」

「そうだよ。では、準備はいいかい？　進めていこう」

男は容赦がない。仕方ない。今はしんどくても聞くしかない。

「じゃあ……、お願いします……」


男はうなずいた。

「夢が危険な理由の2つ目。**そもそも夢とは本質的に叶わないもの**なんだ」

借金の次は、夢は叶わないもの？

さらにクラクラしてきた。

いや、男の言うことはおかしい。だって、実際に夢を叶えている人はたくさんいるじゃないか。起業する夢、大金を得る夢、アイドルになる夢、スポーツ選手になる夢、理想の相手と結ばれる夢、夢を叶えた人は大勢いる。テレビでも、ネットでもどこにでもたくさんいるではないか？

それなのに夢は叶わないなんて、そんなことはないだろう。

「夢は叶えている人はたくさんいます。だから夢が叶わないってことはないんじゃないですか？」

「夢とは、叶えたそばから失っているんだ。それでは夢を叶えたとは言えないだろう」

うーん。難しい。なぞなぞでも出されている気分だ。

「話がよくわかりません。どういうことでしょうか」

「身近な例で話してみよう。例えば、君に大好きな女性がいるとする。さて君はその女性とどうしたい？」

「当然、付き合いたいって思います」

「それは、君にとって1つの夢ということになるね」

「まあ、そういうことになりますね」

「では、もし告白をして、成功したらどう思うだろうか」

「大喜びします！　ずっとニヤニヤしていると思います」

「君は、晴れて大好きな彼女と付き合えたわけだが、そんなすばらしい女性が果たして君とずっと一緒にいてくれるだろうか？」

「それはわかりません。でも、なんとかうまくいくように頑張ります」

「ということは。君の夢は『付き合いたい』から『継続したい』に変わっているのではないか」

「まあ……、そういうことにはなりますね」

「別の例でも考えてみよう。受験の話だ。中学生は志望する高校に合格することを夢見る。高校生は志望する大学に合格することを夢見る。大学生は、希望の会社への入社を夢見る。入社したなら、キャリアアップが夢となる。


夢は叶った瞬間に消え去り、別の夢に向かって歩き出している。叶った夢はもう当

たり前のものとなり、振り返られることもない」

わかる話だ。学生のとき、志望校に受かったときには本当にうれしかったものだが、今となっては何とも思わない。

「たしかにそうかもしれないですね」

「**夢とは常に更新されていき、叶った夢は忘れ去られていく。**今見ている夢にたどり着けなければ、これまでどれだけの夢が叶っていたとしても、君の役には立たない」

たしかに今僕が会社をクビになったとして、その失望を、かつて高校に合格したことは何も支えてはくれないだろう。

「**叶った夢というものは、通り過ぎれば無価値になる。**持ち物になったものに人は価値を置かないんだよ。だから、**夢を追い続ける限り、待っているのは挫折**なんだよ」

男は続ける。

「人間の歴史で考えれば、その姿はもっとはっきりする。かつて人間は飢えを逃れるため、安定した食料の供給を夢見ていた。さまざまな病の苦しみから逃れることを夢見ていた。海の向こうの知らない場所に行くことを夢見ていた。無惨《むざん》な死に苦しむことのない、戦いのない平和な世の中を夢見ていた。現在、その多くはある程度とはいえ叶っている。

人間が強く望んだ夢の多くは叶っているんだよ。なのに、今も人は夢が叶わないと嘆いている。なぜだろう？　それは、**夢は叶えば、それがどんな夢であれ、叶った瞬間にその光を失ってしまう**からなんだ。人は新たな光を求めて、不安な旅に身を委《ゆだ》ねていくんだ」

人類の歴史とは、話が壮大すぎるが、思い返してみれば、僕たちだって夢を叶えてきたのかもしれない。初めての進学、初めての恋人、初めての一人暮らし、いろいろな人生の1ページは夢の成就だ。すべて小さな夢ではあるけれど、それでも叶えてきたんだ。それが大人になるにしたがって、持ち物が増えるにしたがって、もっと大きな夢を叶えたいとエスカレートしているんだ。このエスカレートはきっとどこまでいっても止まらない。

「たしかに夢を見るって、際限がないものかもしれないですね」

男はうなずいた。

「**夢をどれだけ叶えても、不安がある限り夢は続いていく**。人は夢というゴールを望みながら、夢というゴールのないレースに参加しているんだ。だから、夢とは本質的には叶わないものなんだよ」

夢とは叶わないもの。まるでニンジンをぶら下げられた馬のように、僕らはたどり着けないゴールに向けて走り続けているのかもしれない。

【理由③】夢を叶えるために今の時間を失うな

「最後にもう1つ。夢を見ることの危険について話していこう」

「ちょ、ちょ、ちょっと待ってください」

「どうしたんだ」

「もう充分汗をかいたと思うんですけど」

「まだ足りない」

男は真面目な顔で否定した。

「まだ……、まだ足りないですか？」

「3つあると言っただろう」

「もういいんじゃないですか？　もう充分に僕の夢をぶち壊したと思うんですけど」

「夢をぶち壊されたか……」

「そうですよ」

僕は不満気に言った。

「いいことだな」

男はふっと笑った。

「はっ⁉」

「見えなかったものが見えるようになった。車の運転と同じだ。視界があれば運転ができる。危険がわかれば、事故を避けることができる」

この言いぐさ。僕を弄《もてあそ》んでいるのか。悪気がないなら、空気が読めないのか？

「怖くて運転できなくなるかもしれないじゃないですか。僕の人生は、平坦な道だけでいいんですよ」

「《幸せの見方》を知りたいと言ったのは君だろう。オレはまだそれを話していない」

くっ！　足元を見てくる。

うすうす感じてはいたが、このサウナがこうも熱いのは、サウナのせいではない。

この男のせいだ。この男が僕の心を息苦しくしてくるのだ。とはいえ、《幸せの見方》

を知りたいとは僕が頼んだことでもある。抗《あらが》う術《すべ》はない。

「……わかりましたよ」

「では、進めようか。夢が危険な3つ目の理由。**夢を見ることで、今という時を失う**」

男の言うことはいつも難しい。

「どういうことですか」

「例えばだが……、君は仕事をしているな。仕事の中で自分の気持ちを殺していることはないかい？」

「そりゃあ、ありますよ。仕事ですからね。毎日毎日、遅くまで残業をして、上司の機嫌をうかがい、顧客に怒られても我慢する。やってられないですよ」

「やってられないか。では、なぜそんなことをしている」

「だって、しょうがないじゃないですか。仕事なんだから。それを我慢しないとお金がもらえないんですよ」

「しかし、そのために君は多くのものを犠牲にしているだろう。友人との時間、家族との時間、恋人との時間、やりたいことをやる時間。笑顔になれる時間をたくさん犠牲にしている」

「それはそうですけど。我慢するしかないじゃないですか？」

「なぜだ？」

「お金がないと何もできません。何をするにもお金はいります。いつか大切な時間を過ごすために、我慢して仕事をしてお金を稼ぐんです」

「では、**いったい、いつ我慢しなくてよくなるんだ？　我慢が繰り返されるなら、君はいつ笑顔の時間を過ごすんだろうか？**」

そうは言われても、我慢しなくていいんだったら、人生に苦労はない。

「そんな簡単じゃないんですって」

「では、話題を変えてみよう。学生時代の話だ。君は未来のためと思って、良い高校を目指し、良い大学を目指し、就職するために自己研鑽《けんさん》に励み、その時々の笑顔になれる時間を犠牲にして、未来のために費やしてきた。**未来の良い生活を夢見て、その時々の時間を使ってきたが、今は君の望んでいた未来になっているのか？**」

またこの言いぐさ。これが煽りでないなら天然ボケだ。しかも、かなり悪質な。僕は投げやりに答えた。

「そりゃあ、満足のいく未来ではないですよ。でもやってなかったら、もっと悪いかもしれないじゃないですか」

「それはたしかにわからない。だが、**君が我慢した分だけ、笑顔を失っている**ことはたしかだ」

「でも、未来がわからないから、毎日遊んで過ごすっていうわけにはいかないじゃないですか」

「遊んで過ごそうという話じゃない。**未来のためだからと言って、今を無意味にしない**ということなんだ。未来のためという理由で、やりたいことをやめて、やりたくないことを始めてはいけない」

「そうは言いますけど、今が楽しいことを優先して、未来が楽しくないものになったら意味がないじゃないですか」

「それは思い違いではないだろうか。**人は今を楽しむと未来がツラいものになり、今を我慢すれば未来は明るくなると思いがち**だ。たしかに苦労を乗り越えて成功した人の話は枚挙にいとまがない。だが、それらの人たちは、本当に今を我慢していたのだろうか？」

「やりたいことを我慢して、頑張ったから成功したんじゃないでしょうか？」

「考えてみてほしい。**君は未来のために今を我慢すると言うが、過去から見たら今だって未来なんだ。**なのに、その今は我慢しなければならないのに、いずれ今になる未来は我慢をしなくて良くなるというのは道理が通らない。**すべての時間は今の連続である以上、今を楽しめないなら未来も楽しめない。**今を我慢するなら未来も我慢しているだろう」

今も、過去からしたら未来。昔は大人になったら好き勝手にできると思っていた。だけど僕はまさに今、我慢をしている。いつの時代も「未来のため」という言葉で我慢をしている。

「**我慢に慣れてはいけない。**それは、未来を言い訳にして、今を棄損《きそん》する行為なんだよ。

人生を「我慢の連続」にするのではなくて、「やりたいことの連続」にしていけるように努力しなければならない。もちろんそれは簡単なことではない。しかし、それをやらなければ、いつだって今は未来のためのものとなり、君の人生は価値を失っていく」

男は僕のほうを見て言った。

「今日を笑顔で過ごす覚悟のないものは、未来にも笑顔にはなれない。それが嫌なら笑顔になれる今を探せ。笑顔になれる未来以上に」

「夢」の正体——3つの「夢が危険な理由」の共通点

僕たちは、サウナの外にある、デッキチェアに横たわっている。

ようやく終わった夢の授業に、僕は少しグッタリしていた。

「どうだ。休めたかい？」

「いや、なんかまだ頭がクラクラするような感じです」

「そうか、少しサウナに入りすぎたのかもしれないな」

「いや、あなたの話にクラクラしているんだよ」と思ったが、男が僕にペットボトルを手渡してくれたことに免じて言わないでおいた。

「水を飲むといい。君はたくさんの汗をかいた。水分を補給して血の流れを良くするんだ。サウナのあとの休憩は大切なんだ。リラックスしながら、体温をゆっくりと元に戻すといい」

優しいところもあるんだな。そう思いながら僕は、受け取った水を飲んだ。

「体もそうですが、今日の話は刺激が強すぎました」

「ゆっくりでいい。今回の話をじっくり体に染み込ませていこう」

そう言いながら、男もペットボトルを開けて、口に注いだ。

「今回夢を見ることの3つの危険について話してきた。内容を覚えているかい」

「はい、えーと……。

1つ目が、夢は未来に返済を延期した借金である。

2つ目が、夢とは本質的には叶わないものである。

3つ目が、夢を叶えるために今の時間を失うな、でした」

「そのとおりだ。よく覚えているな」

「いやあ、全部刺激的でしたから」

「3つの危険に共通しているのは、何かわかるかい？」

「人生には夢も希望もないんだな、ということでしょうか」

男はふっと笑った。

「そう卑屈になる必要はない。未来を良くすることが夢だとするなら、未来の危険を避けるのも1つの夢とも言える」

男は続ける。

「共通するのは、**人は未来への「希望」から夢を見ているのではなくて、今への「不安」から夢を見ている**ということなんだよ」

「受け止めたくない感じもしますが、納得もしています」

「夢の正体が不安だなんて思いたくはないよな。だが、事実を見ることはとても重要なことなんだよ。それによって目的が変わる。不安が原因なのだとわかれば、解決方法は未来に夢を実現することではなく、今の不安をどのように取り除くかということになる。だから、**今の不安を取り除くことができるなら、夢は必要なものではなくなるんだ**」

「夢は必要ない。最初に言っていたことですね」

僕は最初に会った日のことを思い出した。

「そうだな。あのときの君は夢をただただ信じていた。そして、苦しんでいた」

「そうでしたね。でも、今の不安は取り除けるものなのでしょうか。今の状況が急に変わるわけではないのに」

「**変えるのは『状況』ではない。君の『心』のほう**なんだ。心が変われば、状況は変わる。見方が変わるのだから、状況は同じでも世界は別のものになる。だからオレは、君は《幸せの見方》を知らないと言ったんだよ」

《幸せの見方》。このサウナに通い始めたのは、それを知りたかったからだ。

「夢」とは現代の宗教!?――夢という詐欺師に騙されるな

男は言う。

「不安をなくすということは、輝かしい未来を夢見るように、今を輝かせることではないんだよ。**不安をなくすとは、自分をどうコントロールするかなんだ**」

「自分をコントロールする？」

「そうだ。少し長くなるが聞いてもらえるだろうか？」

僕はうなずいた。それは僕にとって、とても大切な話かもしれないと感じた。

「我々は、夢のため、人生を満ち足りたものにするために努力をしてきた。未来に、あるかどうかもわからない夢を信じてきた。

しかし、**夢とは、いわば現代の宗教**。宗教が、あるかどうかもわからない来世に祈りを捧げるように、夢も、あるかどうかもわからない未来を願って祈りを捧げているんだ。

心の不安は誰にだって、いつの時代にだってある。だから、宗教は心の癒しのためには必要なものかもしれない。だが、宗教とは心の不安に付け込んだ搾取の歴史があることも事実だと思う。夢も同じなんだ。もう、**夢という詐欺師に騙《だま》されるのはやめたほうがいい**。どれだけ夢に甘く囁《ささや》かれても、君の未来に楽園はないんだよ」

欲望や誘惑を掻き立てられる時代、幸せのために私たちが求めるべきもの

男は続ける。

「**今の時代は、夢を見ないでいることが本当に難しい時代**だろう。世界は夢と希望で

光り輝いているからだ。その輝く世界は、夢を見ろ、希望を持て、それが正しいことだ、さあ、君も夢を見ようと誘いをかけてくる」

さらに男は続ける。

「インターネットは、人間に情報の豊かさをもたらした。膨大な情報は、人に知識を与えた。だが同時に、**人間のさまざまな欲望を掻《か》き立てた**。

豪華な家、豪華な車、ありとあらゆる豪華な生活をそこで知ることができる。そして優雅な生活を送る人、美しすぎる異性、美しすぎる世界の景色、ありとあらゆる美しいものがそこにある。我々の心を奪い、**夢に人生を捧げさせるには、充分すぎる誘惑**がそこにある。

そして、SNSは人との交流に豊かさをもたらした。短い時間で同時に多くの人とコミュニケーションがとれるようになった。さまざまな人間との交流が可能になった。

それは同時に、それまでは見えなかった**多くの人間の心の内を見せつけてくる**ようになった。賞賛する心、嫉妬する心、希望に燃える心、失望する心、ありとあらゆる心の在りようが流れ込んでくるようになった。そして、この心の数と評価を数値化できるようになった。それは人に良く見られたい、人に嫌われたくないという**承認的欲**

望を増大させた。

物質的な豊かさも人間関係の豊かさも、人々の欲望と劣等感を刺激する。それがここまで巨大になった時代はかつてないんだ」

男は話し続ける。

「だから、夢と希望に抗うことは難しい。相手は過去最強の化け物なのだ。だが、だからこそ、人は抗わなければならない。希望という絶望に身を委ねることから抗わなければならない。

欲望に振り回されるな。不安に振り回されるな。

本当に必要なのは、物を手に入れることではない。**自分自身を手に入れる**ことなんだ。

たとえ世界を支配しようとも、**自分を支配できない人生は不幸**なのだ。

たとえすべての人が君を認めても、自分で自分を認められない人生は不幸なのだ。

望むべきは自分自身。それこそが本当に夢見るべきことなんだよ」

僕は人が持っているもの、人より優れたものを手に入れれば、自分を認めることができると思っていた。いつか手に入れることができれば、そのときこそ、冴えない自分から脱出して誇りある自分になれると思っていた。それを「夢」と呼んでいた。

しかし、そうではないかもしれない。それでは、僕はどこまでいっても自分自身を認めることができないのかもしれない。

僕の様子を見ながら、隣で横たわっている男は言った。

「君の中に、少しずつ血が行き渡っているようだな」

「そうですね。少しわかってきた気はします。……でも、やっぱりわからないことがあります。どうやって自分自身を手に入れればよいのでしょうか」

「それについては、今後語っていこう。今は君の中の常識を吐き出して、新たな概念が行き渡ればそれでいい。今日はここまでだ。あとはゆっくり休むといい」

「はい。ありがとうございます」

僕はデスクチェアに横たわったまま、ゆっくりと目を閉じた。

この男のことだ。これからの話も心地よい話は待っていないのだろう。

サウナのように、熱くて息苦しい話を聞かされるのだろう。

水風呂のように、冷たくて、ヒリヒリするような話を聞かされるのかもしれない。

でもそれは、熱くても、冷たくても、僕の中に滞っていた血を捨て去り、新たな新鮮な血を運んでくれるような、そんな話に違いない。

そんなことを思っていたら、僕は少し眠っていた。

第4章

「人生の不安」を取り除く方法

男の名前

今日で、このサウナに来るのも三度目になる。

「らっしゃっせー」

店員の声が僕を迎える。

「お兄さん、最近よく来てくれますねー」

僕にそう声をかけると、人懐っこい笑顔で、その浅黒い顔を緩ませた。

「そ……、そうなんですよ。いいサウナなので、すっかり通うようになってしまいました」

突然話しかけられて驚いてしまった僕は、思わず最大限の世辞を言っていた。それに気を良くしたのか、店員はさらに話を続けた。

「うれしいっす。そう言ってもらえると。うちのサウナ、どの辺が気に入ってもらえました?」

どの辺……? そう言われても、僕は男に会いに来ているだけで、それ以上の理由はない。理由が見当たらず慌てたが、僕はふとあの翼の生えた砂時計のことを思い出した。

「あの砂時計とか素敵ですよね。すごく雰囲気あって」

「ああ、あの砂時計。超いい感じっしょー」

男は得意気にしている。

「でも、砂がちゃんと流れてないみたいですけど」

「まあ、細かいことより雰囲気が大事っすから」

店員は笑いながら、そう答えた。

僕は男の言葉を思い出した。

「砂時計って、死の象徴って意味もあるんですよね？」

「お兄さん、詳しいんですね！　僕も、その話聞いたことがあります。でも、やめてくださいよー。そんな噂、マジで営業妨害っすから。砂時計は時計っす。時間を計るものですよ」

「それは、そうですよね」

「まあ、うちの砂時計は、時間も計れないんすけどね。やっぱり雰囲気っすかね、良さげな雰囲気ー！」

そう言って、店員はケラケラ笑っている。

見た目だけじゃなくて、中身もなんだかチャラい人だな……。

そんなことを思いながら、僕は受付を終わらせて、脱衣所に向かった。


脱衣を終え、タオルを持ちサウナに入る。

また、誰もいない……。

今回は、男にサウナに行く時間は事前に伝えていた。

だから、この時間は知っているはずなのだが……。

まあ、先に着いただけだろう。待っていればいい。

一人でサウナに腰かける。砂時計を見た。

やはり、ほんの少しだけ砂は流れているようだが、時計というには遅すぎる。何か詰まっているのかもしれないな。


……そして、やっぱり熱い。サウナだから当然なのだが、今日も熱い。

だが、熱いと思って、ボーッとすると、あの男が急に現れて驚かされる。

あの男……。そういえば僕は彼の名を知らない。

これから、何度も話すことになるであろう人の名前を知らないのも、どうなのだろう。


「青年、待たせたな」

ふいに男の声がする。気が付くと、男は横に座っていた。

「いつの間に⁉」

「さっきだ」

さっき？　そんなタイミングはあったか？

神出鬼没とはこのことだ。先祖は忍者か何かなのだろうか。

また驚かされることになり癪《しゃく》ではあったが、気を取り直して、さっき思ったことを言った。

「聞きたいことがあるんです」

「なんだ」

「名前を教えてください。名前も知らないのに、いろいろ教えてもらうのも変だなと思いまして」

男は少し考えてから答えた。

「名か……、名乗るほどのものでもない」

「そうは言われても、名前も知らないんじゃ、やりにくいですよ」

「今のオレには、名前など必要がないんだ」

男は答えない。なんだかわからないが、答えないものは仕方がない。

「じゃあ、先生って呼んでいいですか？　これから、いろいろと教えていただくわけですし」

「先生か。そう呼ばれていたこともあった」

男は少し懐かしそうに遠くを見ている。

「じゃあ……、先生でいいですね」

男はうなずいた。

「では、始めよう」

「はい、先生」

自分でコントロールできること、できないこと

「前回、なぜ夢が危険なのか？　について話したが、理解できただろうか」

「はい、まだ完全に納得できたわけではないですが、むやみに夢を信じることは危険なんだと思うようになりました。これまでは、夢を疑うなんて思ってもいなかったから」

「そうか、それでいい。少しずつでいい。理屈を知って、体験をすれば、体の中にも入っていく」

「わかりました」

「今日は、**夢を生み出す原因である『人生の不安』をどのようにして取り除くか**について話していこう」

　前回、人生を良くするには、夢を実現するのではなく、不安を取り除けと言われた。夢の実現も難しいけど、不安を取り除くというのも雲をつかむような話だ。いったいどうやればいいのだろうか？

「不安を取り除くためにやるべきこと。それは、**すべての出来事を《自分のコントロールできるもの》と《自分のコントロールできないもの》を分ける**ことだ」

「……こんとろーるできることと、こんとろーるできないこと？」

言葉を繰り返してみたが、意味はわからない。

「どういうことでしょうか？　先生の言うことはいつも抽象的で難しいです。もう少しわかりやすくお願いします」

「わかりやすく……。そうか……」

男は少し黙り込んだ。

「……では、わかりやすく話していこう。まず、自分のコントロールできないものとは何か」

「お願いします」

「君には恋人はいるか？」

急にプライベートに踏み込んでくる。

「……何か関係があるんでしょうか」

「わかりやすくするためだ。いるのか？　いないのか？」

「いや、いませんけど……」

「では仕方ない。いると仮定しよう」

男はいたって真面目に話しているようだ。だが、何か馬鹿にされているような気がするのは気のせいだろうか。

「君に、美しく、優しく、気の合う理想の恋人がいるとする。そんな恋人と君はずっと一緒にいたいと思うだろう。しかし、彼女の心をずっと君に向け続けることはできるだろうか」

「そんなに素敵な人なら、好きでいてもらえるように全力で頑張ります」

「しかし、君がどれだけ頑張っても、彼女の心を操れるわけではない」

「それはそうかもしれませんけど」

「彼女には、もっとふさわしい顔も心もイケメンな男たちがたくさんいるだろう。そういった男たちが彼女を放っておくとは思えない」

やっぱり馬鹿にされている気がする。

「どれだけ彼女と一緒にいたいと願っても、どれだけ努力したとしても、彼女が別れたいという結果を君は止めることはできない。つまりは、《自分のコントロールできないもの》ということだ」

なるほど。コントロールとはそういうことか。**人の気持ちは自分ではどうすることもできない。だから《自分のコントロールできないもの》**。だけど、わかりやすいとはいえ、フラれる仮想体験をさせられる必要はあったのか？

「例えば、会社の仕事でもコントロールできないことはたくさんある」

「たくさんですか？」

「自分の希望の部署に行けるかどうか。君が努力したからといって必ず行けるわけではない。だから、**部署の異動はコントロールできないものだ**」

「なるほど」

「仮に希望の部署に行けたとして、そこで努力をしたとしても、**君がそこで望む活躍ができるかどうかはわからない。結果を残せるかどうかも、コントロールできないものだ**」

「たしかに」

「もし結果を出せたとしても、**その結果を維持できるかはわからない**。大きな案件を獲得しても、失敗に終わることだってある。仮に成功したとしても、今度は、成功の継続が望まれる。成功を継続できるかどうかはわからない。

仮に、君が会社から評価を得たとしても、何がきっかけで悪くなるかもわからない。トラブルに巻き込まれたり、上司や同僚との折り合いが悪くなったり、評価してくれていた人が異動になったりすることだってあるだろう。だから**会社の評価も、コントロールできないものだ**」

実際、僕もそうだった。最初は期待されていると思っていたのに、僕のミスで評価はガタ落ち。その結果、プロジェクトから外されてしまった。

「仕事一つとっても、コントロールできないものばかりですね」

夢の多くは、「自分のコントロールできない」もの

男はうなずいた。

「**人生は《自分のコントロールできないもの》ばかり**なんだ。友人だってそうだ。望

まない形で友情が終わることもある。収入や財産もそうだ。予期せぬ出費や損失。盗難や災害。収入や財産を破壊するものはいくらでも存在する」

お金、仕事、財産、人間関係、つまり、**僕が欲しがっていた夢の多くは《自分のコントロールできないもの》**ということだ。

「人が得たいと望むことは、自分のコントロールの外にある。だからこそ、人は、その実現を夢見る。逆に言えば、**夢に託すようなものは、コントロールできないもの**ということだ」

夢が商売ネタになる理由

男は話を続ける。

「そして、そのようなものは**商売のタネにもなる**。だから、『夢は素敵だ』や『夢を叶えろ』で、世にあふれていく。満たされない心の隙間をノックすれば、**普段の不安を、未来への希望に変えて人はお金を払う**。いくらかのお金を払うだけで、夢が叶うなら安いものだ。

だが、夢が叶うことはない。それはそうだ。もし叶うのであれば、もう商売になっていない。書店の本棚を眺めてみるがいい。夢を叶える本だらけだ。お金の稼ぎ方、好かれる自分になる方法、成功する仕事術。次から次に出版されるそんな本をどれだけ買い漁っても、何年経っても、新しいそんな本の出版がなくならないことが、何より意味がない証拠だ」

ひどい言い様だが、たしかに**僕らは、夢に煽られている**。

「現代は生きていく上で、必要なものは揃っている。食べること、安全に暮らすこと、清潔に暮らすことはある程度担保されている。そのような必需品への新たな需要は発生しにくい。

だが、**夢は無限の需要を生む貴重な商品**になる。**人間の欲望には際限がないから**だ。だから、市場には夢を売る人と、夢を買う人であふれている。

しかし、無限に続く夢の売り買いが、本当に人々を幸せにしているのかは疑わしい。なぜなら、それは**夢の可能性の売り買いであって、本当に夢を叶えてくれるものではない**のだから。だが、そうだとわかっていても、人は夢を求める。それが現代に蔓延《まんえん》する虚しさの一因でもあるだろう」

僕たちは、不安を取り除いてくれるものを必死に探している。不安なままでいたくなくて、夢を見て、努力したり、夢を買ったり、必死になって埋めようとしている。できないものを、なんとかできるようになるために。それができると言われれば、何にでも飛びつく。

僕が納得する様を見て、男はうなずいた。

時間は、「自分のコントロールできるもの」？

「では、今度は逆に《自分のコントロールできるもの》とは何かを考えてみよう」

何だろうか。自分のコントロールできるもの……。

「時間ではないでしょうか？」

「なるほど。時間か……」

「時間の使い方は自分で決められるじゃないですか？」

「最近では、タイムパフォーマンスやタイムマネジメント等、時間を自分でコントロールするための方法が盛んだな」

「そうです。そうなんです。時間を上手に使って、生活のクオリティを上げる。だから、自分のコントロールできるものじゃないですか」

「残念ながら違う」

「えー、なんでですか？」

「君は、時間を上手に使うと言ったが、**時間は君の持ち物ではない。むしろ君が時間の中に生きていると言っていい**」

「どういうことですか？」

「例えば、君は、**1時間という時間を、30分にしたり、1日にしたりできないだろう**」

「それはそうですけど、効率的な時間の使い方ってあるじゃないですか。同じ1時間でも使い方次第で、時間の内容は全然変わってきます」

「それは、**時間は変わらないのに、君のほうが形を変えているに過ぎない**。満員電車に、効率良く人を詰め込む方法を考えて、もっと乗れるだろうと押し込んでいるようなものだ。少し混雑が緩和されても、次に目指すものは、さらに多くの人を押し込むことだ。最終的に待っているのは、破綻《はたん》か疲弊だ。あたかも時間を支配できるかのような言葉に酔ってみても事実は変わらない」

「そうですかね」

「もっと身近に考えるなら、メールの処理やカレンダーなんかがわかりやすいだろう。さまざまなツールのおかげで、効率良くたくさんのスケジュールやメールを処理できるようになった」

「そうですね。便利なツールが増えました」

「しかし、**便利になればなるほど、増えているのは仕事だけ**だろう。そして、仕事が増えた分、今まで以上に仕事に追い立てられるようになった。**効率的に時間を使おうとすればするほど、君の生活はもっと窮屈になっている。**時間に支配されている身でありながら、時間を支配しようとする罪に対して罰を与えるかのように、君を縛る縄は余計に君をきつく締め上げていく」

　たくさんのスケジュールやメールを処理すると、すごく仕事がはかどったように思うけど、その後で、やった分だけの仕事が返ってくる。それを打ち返せば、またその分の仕事が返ってきて、どんどん仕事は増えていく。それに疲れて、さらに便利なツールに手を出せば、さらに増えた仕事が埋め尽くしていく……。

「それで、君は時間をコントロールできると言えるのか？」

「たしかに、時間は違うかもですね……」

「自分のコントロールできるもの」は何か？

男はうなずいた。

「では、なんだろうか？」

他に自分のコントロールできるもの……。

「自分の体はどうでしょうか？」

文字どおり、自分の手足なら、僕にだって自由に動かすことができる。

「なるほど。体か……」

正解だという男の反応を期待した。

「どうでしょう？」

「……不正解だ」

「えー!?　またですか」

「たしかに、自分の体は自分の意志で動かすことができる。だからといって、病気や事故を避けることはできない。歳をとれば、思いどおりに体が動かなくなることもある」

「だけど、運動したり健康に過ごすことで病気を避けたりできるじゃないですか」

「それで、どうにかなるなら、皆、長生きしている。**努力はできても、予定どおりに体が健康であってくれるとも限らない。**非情な運命が、何の落ち度もない君を事故に巻き込むこともある。それらを逃れて、仮に長生きしたとて、自分で何歳まで生きられるか決められるわけではないだろう。**命とはまさに運命が決めることだ。自分の体であっても、自分のコントロールできるものとは言えない**」

　再び正解を出せなかったことに、僕は少し不貞腐《ふてくさ》れた。

「えー、でもそんなことといったら、もう他にないじゃないですか」

「ある」

男は力強く答える。

「何ですか？」

男は自分の胸をたたきながら言った。

「君の、心だ」

「こころ？」

「そうだ。心、つまり**君の感情は、自分のコントロールできるもの**なんだ」

心はコントロールできるもの……。

本当にそうだろうか？

喜んだり悲しんだりするのは、そうしようと思ってするのではなく、自然とそう思うものだ。それなら他のもののほうが、１００％ではなくても、頑張り次第で手に入る。むしろ一番手に入らないのが心なのではないか？

「心ってコントロールできるものなんですかね？　僕には、悲しまないとか、怒らないとか、自分に言い聞かせて実行するのは、なかなか難しいです」

「自分に言い聞かせることで気持ちを抑えることは、難しいかもしれないな」

「だったら、やっぱり違うんじゃないですか？」

「**心を抑えることで、コントロールするわけではないんだ**」

「心を抑えないなら、どうすればいいんですか」

「それは、**コントロールできないものを知ることによって可能になる**」

感情が起きる要因は「期待」

コントロールできないものを知れば、コントロールできるようになる？？？

また、なぞなぞみたいなやりとりが始まった。

「どういうことでしょうか？」

「感情はどうやって起きるのか？　**すべての感情は何かへの期待によって起きる**んだ。だから、**何がコントロールできないものかを知り、その期待を捨てれば、君の心を乱すものはなくなる**。つまり、心のコントロールが可能になる」

感情はすべて何かに期待をするから起きる。本当だろうか。喜んだり、悲しんだりしたときに、何かに期待をしているなんて思ったことないけど。

「納得いっていないようだな。では、具体例をもって感情がどのようなときに生まれるか考えてみよう。まず、悲しみとは、どのようなときに起きるか？」

「難しそうですね……。わかりやすい話でお願いします」

「わかりやすく……か。わかった」

男は思案を始めた。

その姿を見て、ちょっと待って、と言おうとしたがもう遅かった。

「……君に理想の彼女がいるとしよう」

「だから、いないんです、って」

「たとえの話だ。必要な話なんだよ」

男は、真面目な顔で僕を見ている。

「必要なら、いいんですけど……」

男はうなずいて話し始めた。

「君は、かわいらしく、元気で、聡明な、理想の彼女と付き合い始めてから、いろいろなところにデートに行った。楽しい時間を共有し合った」

「……で、別れが来るんですよね？」

「ほどなくして、君たちは同棲を始めた。二人はお互いのことを認め合い、そして将来について語り合うようになった」

「……もしかして素敵な話ですか」

「しかし、あるとき、突然彼女から別れを告げられる。もうあなたとは一緒にいられない、と……」

「あー、やっぱりそうなるんですね」

「そのとき、君は悲しい思いをするだろう」

「悲しいに決まってますよ！　なんで事実でもないのに、わざわざ悲しい思いをさせるんですか⁉」

「その悲しみは、なぜ起きるのか？」

「それは、彼女を失ったからじゃないですか」

「失うというが、彼女と過ごした楽しかった時間を失うわけではないだろう」

「そりゃあそうですけど、でもこれからの時間は失うんですから」

「つまり、**失うのは未来における彼女との時間。悲しみは、期待していた未来がなくなったことへの失望**ということだ」

悲しくなるのは、これからも彼女と過ごしたいという未来への期待があるから。もし冷え切った関係ならば、たしかにそうはならない。

「他のものも考えてみよう。ペットの死。ペットと人間では、生きている時間に差がある。だから、別れは早々に訪れる」

「そうですよね……。僕も子供のとき、犬を飼っていたんですけど、亡くなったときは、まさかの事態に大泣きしました」

「ペットは人間のような寿命では生きられない。あまりにも早いペットの死は悲しみを生む。だが、悲しみの対象は、死そのものではない。死がもたらした別れが悲しみを生み出すんだ。**ずっと一緒にいたいと思っていた期待が裏切られたことで、悲しみが生まれる**」

「そうなんでしょうか？　亡くなったこと自体が悲しいような気もします」

「ペットロスの一番の慰めは、他のペットを飼うことと言われる。なぜか？　別れの悲しみが少しでも取り払われるからだ。人間の場合もそうだろう。墓や仏壇等がなぜ必要か？　死んでしまえば、生き物は無になる。それは完全なる別れだ。人間はその別れをそのまま受け止められるほど強くない。だから、それは別れを軽減する方法として、その存在を何らかの形で残すんだ」

死そのものではなく、別れが悲しみをつくっている。それは、一緒にいたかった期待が裏切られたから。

そうかもしれない。少し怖い話だが、もし死んだ人間が、そのままのビジュアルで完璧にＡＩ化されたり、クローン化されたとしたら、人の悲しみは軽減するかもしれず、悲しみの形も変わるかもしれない。つまり、別れのない死は悲しみとならない可能性は存在する。

「他にも、受験に合格したい、このプロジェクトを成功させたい等、意気込んでいた将来像が叶わなかったとき、**期待があったからこそ、手に入らないことが悲しみとなって君に襲いかかる**」

たしかに、どう考えても受からない受験や、やる気のないプロジェクト等が失敗したとしても、悲しくはならない。

「このように**感情というのは、期待と現実との差があってこそ生み出されるん**だ」

期待と現実のギャップが、あらゆる感情を生む

悲しみは期待が生み出す。男の話を聞くとそうかもしれないと思ってくる。

でも、いろんな感情がある中で悲しみだけではないのか？

怒りという感情はどうだろうか？　例えば電車の中で酔っ払いが絡んできて腹が立ったとして、僕はその相手に何も期待してはいない。

「悲しみはそうかもしれません。でも他の感情もそうでしょうか。怒りという感情は相手に何かを期待しているのでしょうか？」

「**怒りも同じ**だ。例えば、**君が突然友人に殴られた**とする。君は腹が立つだろう」

「それは、キレますね。何するんだよ！　と怒ります」

「その気持ちはなぜ起きるんだ？」

「えっと……、急に殴られたからだと思います」

「急というのは、いきなり、つまり、予期せぬうちにということだ。友人から傷つけ

られた。予期しなかったのは、**まさか信頼している友人が自分に危害は加えることはないと思っていたから**。つまりこれも、期待と現実の差ということになる」

「友人の場合はそうかもしれませんけど、まったく関係のない、例えば**電車の中で酔っ払いに殴られた場合**はどうでしょうか」

「それも、期待と現実の差によって起こっている。なぜなら、**電車の中は、君にとって安全な空間であるべきだからだ**。**その安全への期待を破られた**ことに対して怒りが生じる。これがボクシングのリングであれば、君が怒ることはないだろう」

たしかに、見知らぬ相手だとしても、環境と自分の気持ちの準備次第でかなり感情は違うように思う。

「少し話は変わるが、**殺人事件を起こすのは家族や親戚が一番多い**と言われている。どうしてだと思う?」

テレビやネットでこの手の事件を見るたびに悲しい気持ちになる。家族なのに何でそんなひどいことをするんだろう、と。そんな人間が大勢いることが悲しくなる。

「ひどい話ですよね。なぜでしょうか。僕には理解ができない話です」

「それは、**家族への期待が最も大きいから**だ。誰よりも信頼している家族の裏切りは、きわめて大きな悲しみや怒りを生み出してしまう。だから、最も憎むべき存在になり、最も害すべき存在となってしまう」

これも、感情と期待の理屈が当てはまる。家族なのに、じゃなくて、家族だから、憎いんだと。

「悲しみと怒りについてはわかりましたけど、プラスの感情はどうでしょうか。喜びという感情でもそうでしょうか?」

「**喜びも同じ**だ。これも期待と現実の差が感情を生む」

男は少し思案した。

「もし両親が、君に夕飯をつくってくれたら、どう思うだろうか」

家族との食卓のことを思い出した。学生時代までずっと一緒に暮らしていた。親が食事をつくってくれるのは、いつもの光景だった。

「いや、特に何も……。ご飯のおかずは何かなあと……」

「では、友人や彼女が料理をつくってくれたら、どうだろうか」

「それならうれしいですね。何が食べられるんだろう、とワクワクします」

「なぜだ?」

「なぜって……」

「同じではないか」

「うーん。なんで、って言われても。親のほうはいつもどおりなので」

「そういうことだ。君にとって当たり前だからだ。**普通のことは喜びを生み出さない。逆に予期しないことは喜びを生み出すんだ。喜びとは、期待に対してプラスのことが起きたときに生じる感情**なんだ」

「なるほど」

「例えば、ガチャガチャというのは、人の喜びの仕組みをうまく利用した商品だろう」

「喜びを利用?」

「そうだ。ガチャガチャでは、欲しいものが必ず当たるとは限らない。つまり、欲しいものへの期待が低いんだ。自ら期待値を下げることで、当たったときの喜びを増幅させる。レア度が設定されている場合は、さらに期待値は下がる。わざわざ確率が書いてあるものまである。当たるわけがないという期待値が設定されることで、当たったときの喜びを増幅させる」

同じような商品が売っていたら買わないのに、なぜかガチャガチャであればチャレンジしたくなる。そして、当たるとうれしい。それはつまり、僕は商品自体より喜びを買っていたのか。

「喜びとは、悲しみや怒りとは反対。つまり、**期待が現実を上回ることによって起きる感情**なんだ」

「自分の心」をコントロールするコツ

「たしかに、こうやって考えてみると、全部期待がかかわっているんですね」

「どんな感情も、期待と現実のギャップによって引き起こされる。裏返せば、期待がないところには、感情は生まれない。

だから、自分のコントロールできないものへの期待を捨てれば、感情は大人しく自分の支配下に入る。現実すべてが想定どおりに進むならば、心が乱されることはない。

コントロールできないものをすべて知れば、感情も、世の中も、すべては自分の手のひらの上で動くようになる」

コントロールできないものを知り、できないことへの期待をやめれば、心は安定する。

すべてに対してそれができるなら、不安はなくなる。だけど、そうはいっても完璧に心をコントロールなんてできるんだろうか。

「おっしゃることはわかりますけど、心を完璧にコントロールするなんて、そんなに簡単にいくでしょうか」

「もちろん、簡単なことではない。あくまで理屈の話だ。だが、**理屈を知っているのと知らないのでは、結果は大きく変わる。**私たちは不安定で、繊細で、すぐに心は揺さぶられる。人間とはそういうものだ。

だからといってあきらめる必要はない。１００％を求める必要はない。**完全にコントロールできなくても、コントロールできた分だけ、君の中から不安は消える。**君に平穏が訪れる。そして、その分だけ、世の中は君の想定内の場所になる」

僕たちはいつだって、夢に追い回されている。

お金をコントロールしたい。

他人からの評価をコントロールしたい。

時間をコントロールしたい。

自分の輝く将来像をコントロールしたい。

健康をコントロールしたい。

しかし、これらの夢は、すべて運命が決めるものであり、僕らにはどうすることもできない。

だから、**できないものをやろうとするのではなく、できないものと理解する。**

そして、その**叶えたい想いを手放す。夢を手放す。代わりに自分の感情を支配する。**

それができれば、世の中はすべて自分の思いどおりに動き出し、心の不安はなくなる。

気が付いたら、汗がしたたり落ちていた。

そうだった。ここはサウナだった。話に集中して忘れていた。僕はあふれ出す汗をタオルでぬぐった。

僕が何より必要だと思っていたものは、この汗のように体から出してしまったほうがいいものだったのかもしれない。
憧れながら、悩まされ続けてきた夢。
今日は汗と一緒に洗い流して、新たな気持ちで毎日に臨めそうな気がする。

第5章

「今」を使いこなす

「人生への期待」を捨てるという違和感

自分のコントロールできないものとコントロールできるものを分ける。

夢はコントロールできないもの。ならば、これからは無視して生きよう。

……そう思った。あのときは。

だけど、帰ってゆっくり考えてみたら、なんだか違うような気もしてきた。

あの男が言うように、人生に期待をしなければ、たしかに不安は減るかもしれない。

感情に振り回されることは減るかもしれない。

人生に期待をしないのであれば、何もする必要はない。何もしなければ何も起こらないのは当たり前だ。

だけど、そんな人生でいいのか。


人生への期待というのは、頑張っていればこそ、だ。

悲しみも怒りも喜びも、頑張っていればこそ、だ。

何にも期待せず、何にも努力もせずに、感情だけコントロールする人生などという生き方には意味がない。

僕は、山に籠《こ》もる仙人になりたいわけではないのだ。

危うく、そんな理屈に納得するところだった。


今日もサウナに向かう。

だが、今日は教えを受けるためではない。

あの男に、「あなたの言っていることは違う」と言うためだ。

どんな人生を送ってきたかは知らないが、相手はサウナに入り浸っている、ただのおじさんだ。教えてもらっているとはいえ、相手の言うことがすべて正しいわけではない。間違っているものは間違っていると正すべきだろう。

意気込んで、サウナの入り口を開けた。


「らっしゃっせー」

店員と目が合うと、人懐っこい笑顔で笑った。

「お兄さん、また来てくれたんですねー」

僕は少し笑顔をつくってうなずいた後、店員に聞いた。

「あの男は来てますか？」

「あの男って誰っすかー？」

店員は、とぼけた顔をして言った。

店員の言うことはもっともだ。あの男と言われてわかるほうがおかしい。

しかし、失礼ながら、僕が来るときは、いつも僕とあの男しかいないのだ。

「僕が来るときに、いつも来ている男です。たぶん常連でいつも来ていると思うんですけど。彫りの深い顔をした、筋肉質な中年男性ですよ」

「濃い顔のマッチョな中年男性……」

店員は、顎の下に蓄えた短いひげを触りながら、思い出している。

「そんな人いたかなー。わかんないっす」

わからない？

「よく見かけると思うんですけど」

「わかんないっすねー。こう見えて、いろんな人が来ますから」

そうだったのか。てっきり、いつも客のいない店かと思っていた。僕は自分の失礼を恥じた。

「探してる人、来てるといいっすね！」

そう言うと、爽やかなような、ウソ臭いような笑顔で、僕をサウナのほうに促した。

僕は、促されるままサウナのほうに向かった。

なんだか胡散臭《うさんくさ》い店員だな……と思いながら、いつものように準備を済ませ、サウナの扉を開ける。

自分がコントロールできる、たった2つの力

「来たな。青年」

男は待っていた。

なんだ、来てるじゃないか？

店員に少しムッとしたが、いつもは後から現れる男が先にいることが気になった。

「今日は早いんですね」

「ああ、さっき来たところだ」

「先生は、いつもサウナに来ているんですか？」

「ああ、いつもいるな」

やっぱりあの店員、よほど適当な仕事をしている。

「では、今日も始めようか」

といつもなら、男のその言葉で始まるところだが、今日は僕が先手を打った。

「今日は質問があってきました」

「何だろうか」

「この前の話です。自分のコントロールできないものとコントロールできるものを分けるという話でした。お話を聞いたときは、それをやれば、夢なんかなくてもいいんだって。不安がなくなって楽になれるかもって思ったんです。でもやっぱり、夢を否定するのは違うように思うんです」

男はじっと聞いている。

「先生が言ってることは、何もしなければ、何も起きないって言っているのと変わらないように思えるんです。何ひとつ人生に期待をしなければ、たしかに楽かもしれません。

でも僕は世の中に背を向けて生きたいわけじゃないんです。そんな生き方で本当に幸せになれるとは思えません。もっと自分を良くしたい。未来に向かって生きたいんです。無気力で空虚な人生を送りたいわけじゃないんです」

「空虚な人生を送れと言っているのではない。コントロールできないものを無視しろと言っている」

男は僕の言葉を否定した。

「でも同じじゃないですか？」と言おうとした矢先、男はこう続けた。

「だが、君の指摘は的を射ている」

「ホントですか？」

「君の言うとおり、自分のコントロールできないものを無視するだけでは足りないんだ。その先に進むには、君がコントロールできるものがもう1つ必要だ。**自分の心を支配し、落ち着いた心をつくったなら、それからやるべきことがある**」

「何ですか？」

「**《今を使うこと》**だ」

「今を、使う……こと」

「そうだ。今を使うとは何か？　以前も話したことだが、人間は３つの時間を生きている。覚えているかい？」

「過去・現在・未来でした」

「そのとおりだ。そのうちの現在、つまり『**今**』**については、自分で決めることができる**。まさに面前の行動をどうするかは、自分でコントロールすることができる」

以前に少し聞いた話だ。それが自分のコントロールできるものなんて、当時は思いもしなかったけど。

「**自分のコントロールできるものは、この2つしかない。《自分の心を操る力》と《今を使う力》**だ。つまり、君が使えるのは自分の「心」と「行動」だけだ。たった2つの力だが、これだけで、人生の不安を取り除き、活力ある人生を生きることができる」

「夢」には2つの顔がある

「2つの力だけ」というシンプルな方法で幸せな人生に近づけるなら興味深い。

でも、「今を使う」と言われても、具体的にどうすればいいのか……。

「どのように使えばいいんでしょうか？」

「**この2つの力の活かし方を考える上で、もう一度、夢について考えてみよう**。今一度問う。君にとって夢とはどういうものだろう？」

少し考えてみたが、僕の結論は変わらない。

「夢は必要ないって言われましたけど。やっぱり夢を持って未来に進むことは大切なことだと思うんです。自分を苦しめるようなものはともかく、未来に希望を持って毎日を頑張るためには夢は必要です。だからやっぱり、夢は生きるのに必要な素敵なものだと思います」

男はうなずいた。

「夢は毎日を頑張るために必要。それは認めよう。でも、本当にそれで未来の希望が持てるものになるのか？」

「それはわからないですけど……」

「では、具体的に考えてみよう」

男は軽く顎に手を当てた。

「例えば……、ある青年が、歌手になりたいという夢を持つ。持ち前の美声を訓練によって磨きをかけて、大勢の前で自分を歌で表現する。多くのファンを自分の歌声で魅了する。そして、手に入れる自信や富や名声。

でも、現実はそんなに甘くない。努力してもほとんどの人はそうはなれないだろう。それでは、ほとんどの人の夢は叶わないということになる？　そんな夢を求めることに意味はあるのか？」

夢の実現とは、自分のコントロールできないもの。それはもうわかっている。でも……。

「たしかに夢見た歌手になれない人は、悲しい気持ちになると思います。悔しい気持ちになると思います。自暴自棄になるかもしれません。でも、もしなれなかったとしても、得られることはあると思います。たくさん努力を重ねてきたんですから。だから、意味がないってことはないんじゃないですか」

「その意味とは何だ？　何もしないと夢は叶わないが、やっても夢は叶わない。では、その意味とは何だろう？」

結果が出なければ、人生が不満になる。何もしなければ、人生が空虚になる。

「それがわからなくて困っています」

「夢を見る苦しみと、夢を見ない苦しみ。どっちも苦しみだな」

「やっぱり、なんとかして夢を叶えるしかないんですかね」

「それでは、元に戻ってしまう。苦しんでいた元の姿に。解決策を話そう。『**夢を分解する**』ことだ」

「夢を分解？」

「そうだ。夢は、1つの言葉で表現されているが、その中身は1つではない。オレはこれまで、ずっと夢は必要ないと話してきた。君の夢への誤解を解くためだ。だが、**夢には認められるべき、もう1つの顔がある**。夢には2つの顔があるんだ」

「2つの顔ですか？」

「夢の2つの顔。それは『**欲望**』と『**成長**』」

「『欲望』と『成長』……」

それは、手段としての「成長」か、目的としての「成長」か

男はうなずいた。

「『欲望』についてはこれまで説明してきた。夢を叶えることで得たいと望むもの。大金を得られるとか、良い生活をする。人から賞賛される、愛されたいとかそういったものだ。いわば、人が望む理想の楽園だ」

男は続ける。

「そしてもう1つの顔。それは、その楽園へたどり着くために歩かねばならない道。その道を歩くこと。それを『成長』と言う」

「成長……、僕は気になったのはそれかもしれません」

「例えば、歌手の例で言うなら『成長』とはどういうことだと思う？」

「そうですね……、歌が上手になることだと思います」

「他には、作詞作曲の能力とか、ライブのパフォーマンス力などもあるだろう。日々練習に励み、成長することを目指す」

「そう、たぶんそれです。それは意味のあることだと思うんです」

「『成長』することは意味がないことではない。それは現実に君の力となるのだから。成長することで、今日よりも明日のほうが良くなっていると言える」

「そうです。そうです」

「だが、落とし穴がある。夢とは、『欲望』を叶えるために、『成長』という道を歩くもの。そう捉えた場合、**『欲望』と『成長』は、『目的』と『手段』の関係になる。**だから、2つの顔と言いながら、結局は分けられないものになってしまう。**『欲望』を叶えられない場合は『成長』もまた、悲しみを伴ったものになってしまう**んだ」

「目的地にたどり着けなかったわけですから、たしかに悲しみは伴います。でも、『成長』ができるなら、いつかそれが他の夢の実現をもたらしてくれると思うんです」

「『成長』が届けてくれる、いつ来るかもわからない『欲望』の実現を待って、それまでずっと苦しみ続けるつもりなのかい？」

「そうしたいわけじゃないですけど。でも仕方ないじゃないですか」

「この『成長』が苦しいのは、『目的』が実現しないことだけじゃない。**多大な努力を伴うにもかかわらず『手段』が間違っていることになる**からだ。君の膨大な労力をそんな過酷なところに置いておくのかい？」

「そ、それでも……、成長できたことは意味のあることです」

「意味のないことではない。だが、それでは心の不安からは解放されない。また別の道を歩き、また挫折を味わい、それを繰り返すことになる。**一生続く不安な道だ**」


「じゃあ、どうすればいいんですか？」

　男は言った。

「『欲望』と「成長」。それを『目的』と『手段』の関係にしてはいけない。そもそも『欲望』と『成長』には因果関係がない。**『成長』それ自体を『目的』にする。**それができれば、『成長』と『欲望』の関係は消える」

「成長自体が目的……」

「人は、『欲望』を叶えるために、『成長』という道を歩いていると思っている。だが、それは違う。**『成長』という道を歩いた結果、そこに君の手で楽園が築かれる**のだ。

この2つは、似ているようで、まったく違う。何が違うか？　始まりが違うんだ。**たどり着くことが目的なのではなく、歩き始めることが目的**だ。

『未来』にある美しい楽園に立って、『今』を見てはいけない。それは、今を『手段』にして拘束してしまう。

だから、**始まりを変える。『今』を目的にして、『今』を歩き出す。**道を歩いた先にある未来に期待してはいけない。その未来がどんな姿をしているかは行ってみないと誰もわからない。しかしそれは、間違いなく、君が歩いたから築かれた未来だ」

「始まりを変える……」

「今から始める。**必要なのは、今行動すること。**君の前にあるのは、いつでも『今』だ。**いつでも『今』を行動していれば、未来はおのずと築かれていく**」

「今、行動する……」

「そうだ。それが、もう1つの君がコントロールできること。《今を使う力》だ。今、目の前にあることに対して、君が選択し、行動することができる」

僕は、コントロールできないものを無視すると、人生が空虚になるかもしれないと考えていた。もし夢に破れても、成長ができるなら、ツラくても仕方がないことだと思っていた。

でも、《自分の心を操る力》と《今を使う力》を持つことができるなら、夢への「手段」として扱われてきた「成長」を切り離し、「目的」そのものとして、《今を使う力》で成長させることができる。そうすれば、不安な心を取り除くだけでなく、今を活力ある時間にすることができる。

大切なのは、視点。始まりを変える。たったそれだけで人生は変わるのかもしれない。

夢のためにではなく、成長のために。

未来のためではなく、今のために。

今を精一杯生きれば、人生はおのずとその上に築かれるのだから。

第6章

目標は必要、夢はいらない

「夢」と「目標」の違い

僕は今日もサウナに向かっている。

前回の男の話を聞いて、今を精一杯生きようと意気込んで帰った。

しかし、またではあるが、家で考えてみると、「ちょっと待てよ」と思った。

「今を精一杯生きる」と言っても、どうやって？

だって、夢のために生きていかないのだったら、どこに向かえばいい？

今を精一杯使って、どこに歩き出せばいい？

目的地もないまま、人は歩き出せない。

今を一生懸命生きることはできる。でも、目的地のない成長。それを成長と言えるのか？

その日暮らしをするのであれば、むしろ《今を使う力》などいらないんじゃないか。

その答えを知るまで納得はできない。

僕はサウナの扉を開ける。

「らっしゃっせー」

いつもの店員の声が響く。

「また来たんスね。お兄さん、すっかりサウナーッすねぇ」

店員が気さくに話しかけてくる。

サウナー。そんな立派なものでもないが、すっかり通うようになってしまったことは間違いない。とはいえ、整えているのは、体よりも、人生のほうだが、今日はまったく整っていない。

「誰も来てないんで、貸し切りっすから、楽しんでくださいね！」

これまで、あの男以外に人がいたことなんてないんだが……。

誰もいないサウナといい、神出鬼没なあの男といい、なんだか狐につままれているような気がしてくる。

「来たな、青年」

サウナの扉を開けると男が待っていた。

やはり、あの店員の言葉は信用できない。

「どうだ。覚えたことは体に馴染んだかい？」

「馴染んでないわけじゃないんですけど、わからないことがあります。《今を使う力》について教えてもらいました。でも、どう使えばいいんでしょうか」

「どういうことだい？」

「だって、夢に向かって生きてはいけないんですよね？　じゃあ、《今を使う力》で、どこに行けばいいんですか？　夢という目的地がなくなってしまえば、どこに向かって進めばいいのかわからないです。目的地もなく、今を生きようとするなら、成長どころか、その場所で立ち止まってしまいます。だからどうしたらいいんだろうって」

男は、僕の話をうなずきながら聞いていた。

その後、ゆっくりと話し始めた。

「夢は見なくていい。だが、目的地は失ってはいけない。君は未来に『目標』という道標を立てなければならないんだ」

「目標は必要だけど、夢はいらない？」

「そうだ」

男の言うことの矛盾に、疑問を投げかけたつもりだったが、男は気にも留めない。だから僕はさらに聞いた。

「目標と夢って、どこが違うんですか？　言い換えただけじゃないですか？」

「それは違う。**夢とは、未来のため。**未来に置いた果実のために生きることだ。**目標とは、今のため。**今を生きるための道標だ。未来のためのものではない」

「うーん……。わかりません」

「では、今日も具体的に話していこう」


男は少し思案した。

「例えば……、マラソンについて考えてみよう。マラソンの目標は何だろうか」

「それは、ゴールをすることです」

「そのとおりだ。ゴールテープを目指すこと。そこに早くゴールする以外の意味はない。これが目標だ。**その目標のために、どうするかを考える。**ペース配分や、水分補給のタイミング。普段のトレーニングのやり方、マインドのつくり方など。**ゴールにたどり着くには、早く走るには、何が必要かを考えて、毎日実践する。**それが目標に向かって、今を使うことだ」

「ふんふん。目標については違和感ありません」

「次は夢についてだ。**夢はゴールするだけでは許されない。**これまでの練習の成果を出したい、まわりの期待に応えたい、一流の選手として尊敬されたい、格好をつけて異性にモテたい、進学や就職に有利に使いたい。人によって違うだろうが、**ゴールにさまざまな意味を加える**」

男は続ける。

「**目標は、今日をどう使うかの指針を与え、今日の成果を手助けする。夢は、目標の場所にぶら下がった副産物であり、その副産物は今日使うことができないものだ。**

目標は、副産物には目を向けない。夢は副産物にこそ目を向ける」

「うーん」

わかったような、わからないような。

目標にはなく、夢に求められるもの

「他の例でも話してみよう。君は、ゲームは好きかい？」

「ゲームですか？　まあ好きなほうだと思います」

「では、ゲームを例に、夢と目標というものを考えてみよう。とあるゲームに興味を持ち、ゲームでの高得点を目指す。これは夢と言えるだろうか？」

「うーん、まあ言えなくもないですけど、普通は言わないと思います。目標とは言えるかもですが」

「では、次だ。ゲームで高得点をとって、友達に自慢したい。これは夢か？」

「うーん、これも夢と言うには小さすぎるように思います」

「では、そのゲームで、友達の中で一番うまくなりたい。これはどうか？」

「これもちょっと、夢には小さすぎるかもしれません」

「では、ゲームで、日本一になりたい。これは夢か？」

「これは、夢と言ってもいいように思います。なかなか難しい挑戦だと思いますし」

「では、ゲームでプロになり、年収３００万円を稼ぎたい。これは夢か？」

「うーん。プロになりたいというのは夢になり得ると思います。選ばれた人にしかなれない狭き門だからです。でも年収３００万というのは、せっかくの夢に対して目標が低いように思います」

「では最後だ。プロになり、有名になり、富と名声を得たい。これは夢か？」

「これは間違いなく夢だと思います」

「さて、君の答えから考えると、ゲームで高得点をとること。その目標は、夢にならないようだ」

「そうかもしれません」

「つまり、目標と夢とは別のものということだな。では何が、夢を夢にしているのか？　**夢というのは、他人や社会、お金など、測れる基準を必要とする。かつ一定以上の成果を必要とする。**


ゲームで高得点をとるというような自分で完結するものではなく、大勢が評価し、褒め称えるものが夢として扱われる。自己完結するものは、それがどれだけ優れていようと、夢として扱われないいんだ。

だが、これまでも話したように、**他人の評価のようなものは、自分のコントロールできないものに属する。それを目指してはいけないんだよ**」

「でも、ゲームで高得点をとることだって、自分ではコントロールできない行為じゃないですか？　それに、それが夢だって言う人もいると思います」

「それはそうかもしれない。だから、夢と目標を区別することが必要だ。**目標は、自己で完結するものであり、それが他人に評価されるかどうかは関係がない。**ただ、君の心のままになされる行為だ」

男は続ける。

「そして、**目標は、自分でコントロールできないものであっても関係がない。**なぜなら、**目標とは、今のために存在するものだから**だ。

未来に置いた目標はあくまで目印に過ぎない。私たちは事を始めることはできるが、結果は決められないのだ。だから、**『結果を求める夢』ではなく、『目印としての目標』を持たなければならない**」

目標と夢は違う。その違いは、結局、「今」の使い方に行きつく。**未来のために生**

きずに、今を生きる。結局は前回に学んだことと同じだ。

僕が今日やりたいこととは何だろう？

誰かと比較するのではなく、社会の勧めに迎合するのでもなく、自分の心に問いかける。それはそれで難しいことだ。

だけど、その一方で、**誰かを気にするでもなく、自分だけを見るというのは、心が軽くなる**ことかもしれない。

第7章

「夢」に固執した人の末路

友人からの衝撃の報告

「えっ、マジでサウナに行ってるの⁉」

友人の飲みかけたジョッキの手が止まる。

「いやあ、なんか行ってみたら悪くないというか」

ちびちび飲みながら、僕は答えた。

「サウナなんて意味ないって言ってたのになあ」

友人はキャベツに手を伸ばす。

「そうなんだけど……。なんかそういう流れになっちゃって」

「で、どう？　スッキリした？」

友人はキャベツをボリボリかじりながら言った。

僕は、サウナでの男との会話を思い浮かべた。

「スッキリ……。いやあ、スッキリというのはちょっと違うかなあ。むしろ、暑苦しいというか、息苦しいというか。でもまあスッキリかなあ」

友人は、首を傾げた。

「息苦しいけど、スッキリ？」

「ほら、たまには普段と違う環境もありというか。そういう感じ？」

友人は、僕の要領の得ない返事を、モグモグしながら、うんうんとうなずいている。

「サウナって人生が変わるって聞いたけど、やっぱりそんな感じ？」

「人生が変わる……、うん、まあ。変わるかな……。そんな気もする」

そう言ってから、僕はちびっと、ひと口ビールを飲んだ。

友人は、一気にジョッキに残ったビールを飲み干した。

「そうかあ！　良かったあ。なんか最近煮詰まっている感じがしたから、心配してたんだよ。いやあ、安心したよ」

「まあ少しは、気分は変わったよ」

そう言いながら、僕はぐびっとジョッキのビールを飲んだ。

友人は店員を呼んだ。

「すいませーん。ビールおかわりくださーい。あっ、お前もおかわりいる？　乾杯しようよ」

話を聞いてくれる友人、心配してくれる友人というのは、ありがたいものだ。何をしてくれるというわけではなくても、存在自体がありがたい。

「今日は何かいい奴だな。なんかいいことでもあった？」

「あっ、わかる？」

「えっ！　どうした？　彼女できた？」

「それでもうれしいんだけどさあ。そっちじゃなくて、実は転職することになったんだよ」

「えっ、マジで？　どこに？」

「パンテオンコーポレーション」

パンテオンと言えば、就職ランキングによく名前が載る企業だ。先進的な取り組みが若手を中心に人気がある。

「すごいじゃん！　いつのまに」

「いやあ、たまたまネット見てたら、求人が出ててさ。で、ダメ元で受けてみたら受かっちゃって」

「マジかぁ。そんなことあるんだな。おめでとう。給料とか、増えるんじゃないの？」

「今の会社よりは増えるみたい」

「いいなぁ」

「ラッキーだったよ」

「今日はお祝いだな。じゃあ僕が奢《おご》るよ」

「ホントに？　じゃあ追加頼んでいい？　店員さーん！」

友人は元気よく店員を呼んだ。

「少しは遠慮しろよ」


その後、閉店まで飲んだ後、友人は機嫌良く帰って行った。

一人での夜の帰り道。風が強い。

いつも一緒に過ごしてきた友人が喜んでいる姿。うれしくないわけじゃない。

だけど、何か急に偉くなって、遠くに行ってしまったような気がする。

友人は前に進んでいるのに、自分だけが止まっている。そんな気持ちになる。

「はぁ……」

「サウナでも行くか」

夢は、時として「妬み」を生む

「どうした。青年。背中が寂しいな」

どこからか現れた男が、声をかけてきた。

「ああ、わかりますか」

「何かあったのか？」

「何かあったわけじゃないです。友人の話なので」

「友人がどうかしたのか？」

「いいところに転職が決まったみたいなんです」

「良かったじゃないか」

「そうなんですけどね」

「不満か？」

「不満というか、悔しいじゃないですか？　自分は何も変わらないのに、友人が先に進むのを見たら。いつも同じように酒飲んで、いつもくだらない話ばっかりしてきたのに。なのに、あいつだけなんて不公平ですよ」

「人生とは不公平なものだ。公平にな」

「じゃあ、僕にも不公平な良いことがあってもいいじゃないですか」

僕は不貞腐れた。僕の姿を見て男は言った。

「やはり夢とは危険なものだな」

「どこがですか？」

「君の心に妬《ねた》みが生まれている。大切な友人の成功を素直に祝えないほどに」

心の妬み。自分の嫌な部分を触られたことを誤魔化すように言った。

「危険なのは、夢じゃなくて僕の人生ですよ。あーあ、僕ももっと条件の良い会社に行きたいな。昨日の飲み代払うだけで大ダメージなんですよ。せめて収入だけでも何とかしたいです」

男は少し笑って言った。

「君にだって、良いことは起きているよ」

「僕にですか？　なんにもないですよ。良いことなんて」

「気づいていないだけだ。**人間とは、幸福がやってきても、それに満足する人は一人もいない。常に取り逃がしてきたもののほうを欲するから**だ。実は君にも幸福は訪れている」

「取り逃がしてばっかりだから、僕に幸福なことなんて何もないですよ。あー、やっぱり気晴らしに旅行にでも行こうかな」

「やめておいたほうがいい。どこに行っても君は君から逃げられない。旅行に行くのに、自分だけ家に置いていくわけにはいかないだろう」

男の言い様に、僕はムッとした。

だけど、もうわかっている。男は真面目なだけで悪気はないのだ。

それに、男の言うことは正しい。でも、正しいことがいつも正しいというわけではない。

「わかってますよ、そんなこと。でも、自分のコントロールできないものを無視しろって言われても、結構大変なんですよ。少しは息を抜いてもいいじゃないですか」

「君は不平ばかりだな」

そう言って、男はまた、ふっと笑った。

「わかった。息抜きは必要だろう。我々はただの人間だ。**たまには、自分を甘やかして安らぐことも必要だ**」

「そ、そうですか」

いつも、息苦しい言葉ばかり投げかけてくる男が、急に緩めると調子が狂う。

「では、今日は少し緩めてみようか」

「本当ですか⁉」

「たまには息抜きも必要だ」

「ありがとうございます！」

「では、今日のテーマは、**他人と同じものを得たいからといって、自分がコントロールできないものに固執したらどうなるかだ。**最初に結末を知ることができれば、そこに向かう愚を避けることができる」

「ちょっと待ってください！」

「どうした？」

「どこが息抜きなんですか」

「これまでに比べて、軽いテーマだと思う。サウナで言うなら、60度くらいの低温サウナといったところだ」

男は真面目に答えている。

この男に、息抜きを期待した僕のほうが間違っていたようだ。温度を下げたところで、サウナはサウナなように、この男もこの男なのだ。程度の差こそあれ、熱いものは熱いのだ。

「わかりましたよ。じゃあもう、それでお願いします」

男はうなずいた。

夢が妬みを生み、その妬みがさらに苦しみを生む

「君が友人に感じる**嫉妬は、自分が叶えられなかった夢を、他人が叶えていると思うことで起きている**。だが、他人の僥倖《ぎょうこう》と同じものを望むこと、つまり、コントロールできないものを望むとどうなるか？」

「どうなるんですか？」

「まず、**夢とは結果を重視する**。だから、夢を叶えた人間を100、逆に自分を0と捉えてしまう。夢を叶えた人間と、叶えられない人間という分け方だ」

「そうですね。友人に比べて自分はまったく前に進んでいないと感じています」

「そのことで、**恥辱感**や**無能感**が起きる。『自分は人より劣っている』という**恥ずかしさ**に加え、『自分は人より能力がない無能な人間ではないか』と思う。そして、本来同じであるはずの他人が前に進んでいることを羨み、妬むようになる」

「まあ、そうですね。それが今の僕です」

「その後は、長く、**陰鬱《いんうつ》とした出口のない悲しみに襲われる**。なぜなら、何か逆転でも起きない限り、その差は埋まらないからだ。だから、その原因が解消されるまで、終わらない悲しみが続く」

「そうですね……。友人に会うと、どこかチクチクするような感情になりそうです。そんなことは思いたくないいけど」

「**その悲しみを自分で抱えきれなくなると、今度は他者への攻撃が始まる**。自分がこういう状況にあるのは、誰かのせいだと憎んだり、自分がここから抜け出せないのは社会のせいだと攻撃をする。他人のせいにして、自分の心を慰める」

「そんなことは思いたくないですね……」

「『そんな状況ではいけない』と、再度チャレンジを始める。だが、それは恐ろしい行為だ。なぜなら、**さらなる努力が報われない場合、自分は無能だと改めて突きつけられる**。言い訳はどんどん難しくなる。そうなると、**無能・無意味・無価値、あらゆる恥辱を自分で自分に投げかける**ようになる」

「たしかに、自分も同じように転職活動を頑張ってみて、落ち続けると思うと怖いですね」

「そして、そのチャレンジを止めたなら、**もう二度と乗り越えられない自分を慰めるために、絶望を希望に変える**ようになる。

『俺だけ運が悪い』とか、『俺は世界一不幸な人間だ』とか、**倒錯した特別感を自分に与える**。特別さは、上であっても、下であっても、心地よくなるものなのだ。自分の何でもなさを認めるよりも、特別さを認めたほうが、自分の責任は免れるし、選ばれた人間であることができる。

だが、**その倒錯した感情に身を預けてしまうと、そう簡単には抜け出すことはでき**

ない。外に出てしまえば、また誰かと比べて、傷つかなければならないし、自分は特別ではいられなくなるのだから」

「コントロールできないものを無視する」トレーニング

「なかなかツラい結末ですね」

「こんな積み重ねをしなくても、事情はもっと簡単なのだ。君はそれをもう知っている」

「自分のコントロールできないものを無視しろ、って言うんですよね」

「そのとおりだ。たった、それだけで、この延々と続く苦しみを避けることができる」

「そんなこと言っても、簡単じゃないですよ……」

「そう。簡単ではない。だが、得てして言えるのは、我々は困難だからあえてしないのではない。私たちがあえてしないから困難なのだ。

体を鍛えるのと同じように、トレーニングが必要だ。すぐにできると思ってはいけない。視点を冷静に、コントロールできるものに力を集中して、できないものを無視する、**運命を無視するトレーニング**をしよう」

コントロールできないものを無視しないとどうなるか。

たしかに、多くの焦燥が僕を包むことになるだろう。

だとすれば、**運命を無視する。難しくても、しっかりトレーニングをして無視できるようになる。**それができれば、多くの悲しみから距離を置ける。とても大切な話かもしれない。

だが、この男にもう一度言いたい。

この話は、まったく息抜きでもなければ、低温サウナでもない。熱々の高温サウナだ。

第8章

正しい道は、他人が評価する道ではない

仕事で発生したモヤモヤ

「ドムス・アウレア。会社を挙げて、このビッグプロジェクトへの参加を獲得しましょう！」

鼓舞《こぶ》するような上司の声が会議室に響く。

これは、担当を外されたプロジェクトだ。

その後、うちの会社は取引先に謝り倒して、改めてプレゼンの機会を得た。

経験豊富な先輩が引き継ぎ、今は最終プレゼンまで選考に残っている。

僕は担当を外されたからもう関係がない。……はずだったが、これまでの流れをよく知っている人間が必要という理由で、プロジェクトの末端に残された。

だけど、もう取引先の前には出ないし、中心メンバーでもない。意見を求められることはあっても、基本は言われた雑用をこなすだけだ。僕はチクチクと心に刺さった棘《とげ》のようなものを感じながら、ひっそりとプロジェクトにかかわっている。

そして、今日は、この最終プレゼンに向けての会議だ当時、僕が中心になって作成したイベント案に大きな修正を加えるかどうかの議題になっている。

「では、評決をとりたいと思います」

僕の案は、賛成少数で却下され、修正案が採用された。僕はひそかにため息をついた。

会議の後、先輩が僕に声をかけてきた。

「残念だったな。案が却下になって」

僕は答えた。

「残念ですけど、仕方ないです」

先輩は僕の言葉を聞いて、こう続けた。

「お前ってさ、こんな参加の仕方でいいわけ？　自分がやってた企画なのにさ」

僕の立場を揶揄《やゆ》するような、その言葉を聞いて、イラッとした。

「いいわけないでしょ！」

思わずそう言いそうになった。

いや、冷静にならなければならない。

こんなとき、あの男なら何て言うだろうか。どう考えるだろうか。

心をコントロールしろ、今やるべきことをやれ。

少し考えてから、僕は言った。

「いいわけはないんですけど……。でも、自分の意見が却下されたからって、不貞腐れるような話ではないですから。それに、僕はこのプロジェクトをやりたかったからこそ、成功してほしいんです。だから、何か役に立てることがあるならやってみたいと思っています」

これはこれで、僕の偽らざる気持ちだった。

「ふーん…、そうか……」

それだけ言って、先輩は会議室をあとにした。

残務をこなしながら思った。

先輩にああは言ったものの、僕が作成した案も、いい案だと思っていたのになあ。でも、参加者の賛同を得られていないのだから、僕の案が悪かったのだと認めるしかない。

とはいえ、このモヤモヤした気持ちはどうしたものか。

「はあ……、サウナでも行くか」

多くの他人の評価とその後の結果に因果関係はあるか？

「今日はどうした。いつも暗い顔をしているが、今日も冴えないな」

遠慮のない男の言葉にムッとしながら答えた。

「いつも、良いことなんてないんだから、仕方ないじゃないですか」

男は、いつも僕が何と言っても意に介さない。

「今日も不平が溜まっているようだが、どうしたんだ？」

「会社でプロジェクトの会議があったんですが、僕の案ではなく、他の人の案で進めることになったんです。まあ、僕の案に賛同が得られなかったんで、仕方ないんです……。『ドムス・アウレア』っていうプロジェクトなんですけどね」

「ドムス……、アウレア……」

いつも冷静な男が、少し驚いたような顔をしている。

「ど、どうしたんですか？」

「いや、なんでもない。なんでもないが、一人の教え子を思い出していた」

「そう……なんですか……」

「ああ、ネロという男だ。良い笑顔をする聡明な生徒だった」

男はかつての景色を思い出すように、うれしそうに遠くを見ていた。

「ネロ……さん？」

「いや、すまない。昔のことだ。話を戻そう。それで君の案に賛同が少なかったことに落ち込んでいると」

男の様子が少し気になったが、男の言葉に答えた。

「まあ、僕の力はその程度ってことだったんですよ。評価のない僕の案でやっていたら失敗したかもしれないですしね」

「そんなことはない。君の案が間違っていたわけではない」

「そんな気を使ってくれなくていいですよ」

「そうではない。多くの人が正しいと思うこと。それが正しいわけではないんだ。それに、**もし君が他の人間の評価に依存するなら、君は君自身を損なう**」

「どういうことです？」

「正しい道とは、他人が評価する道ではない」

人が評価する道が正しくない？

わからなそうな顔をしている僕を見ながら、男は言葉を重ねた。

「なぜ君は、自分の意見が間違っていると思うのか？」

「みんなが賛成しなかったからです」

「みんなが賛成しなければ、プロジェクトは失敗するのか？　わからないだろう」

「それは、そうですけど……。でも、僕の案の魅力がなかったってことじゃないですか」

「魅力がないと思われたことと、価値がないことは違う」

「そうでしょうか？」

「皆の賛成を得られるような状況をつくれなかった。それは反省することではあるかもしれない。だが、それと君の案が失敗に終わるかどうかは別の問題だ。

多くの人の評価と、結果の正しさに因果関係はない。

皆が反対していたことで、成功したものは数えきれない。**アインシュタイン**は相対性理論を発表したとき、多くの反対に遭った。**ライト兄弟**は飛行機を発明した当初、実用性について多くの疑問を呈された。今、君たちの生活から、もはや切り離すことができなくなっているインターネットだって、その当初は本当に役に立つのか疑われていた」

「そんな偉大な話と比較されても困りますが……」

「偉大だからということではない。**世の中が合意していることが正しいわけではない**ということだ。

「自分が間違っている」と思うほうが楽？

身近な話で言えば、『仕事をするためには会社に行く』という、なんの疑問も持たれなかった常識も、疫病の後には失われた。正しいと言われているものや常識が必ず正しいわけではない。**これからも正しいと思われている多くのことが未来には覆されるだろう**」

「それはそうかもしれませんけど」

「なのに、なぜ賛成が少ないからといって、自分が間違っていると思う必要があるか？」

「うーん、そう言われると……」

「君にとっても都合がいいんだ。自分が間違っていると思うほうが」

「そんなこと思うわけないじゃないですか……」

「君の心の底を探ってみてほしい。**人は、他人がやっていること、他人が勧めること、他人に価値があると言われていることは安心するん**だ。多くの人の評価が集まると、普遍性を帯びているように見える。だから他人から否定されると、不安になってしまう。

その**不安な自分と向き合うよりも、多数の意見が正しいと思ったほうが、人のあとについていくという楽な道を歩くことができる。**だから、自分が間違っていると錯覚する。そして、自分が信じているものを手放してしまう。だが、それが**いつも君の道を分断する**」

多数の言う正しさに追随して、自分の判断を失っていないか？

「分断ですか」

「そうだ。少し例を出してみよう。昭和という時代は、学歴がもてはやされる学歴社会だった。企業は学歴を重視して採用活動をし、そのために当時の親子はすべてを犠牲にして勉強に励んだ。しかし、今では就職活動の履歴書に学歴を書くことすら禁じられ、むしろ目を曇らせるものであるかのように扱われている」

「たしかにそうですね」

「次には、勉強偏重は良くない。ゆとり教育が必要だと、余裕のある教育が行なわれた結果、最終的に、その時代の子供たちは、ゆとり世代だと揶揄されて、能力がないことの代名詞のように扱われるようになった」

「そんな話も聞いたことがあります」

「仕事の世界でもそうだ。かつてサラリーマンは身を粉にして働いてこそ、社会のためになると称えられてきた。しかし、24時間戦えと煽ってきた社会は、現在では働き方改革だといって、長時間働くことを悪としている」

「今は、そうですよね」

「時代時代の正しいと言われてきた概念。それを**信じて努力してきた人間は、梯子《はしご》を外されて真っ逆さまに転落する**ことになった。自分が走ってきた道は分断され、また新たな道を走ることを余儀なくされた。

正しいと信じて使ってきた時間も労力も、犠牲にしたすべてはもう元には戻らない。

誰かが責任をとってくれるわけでもない」

男は続ける。

「最近は、『ライフワークバランス』という言葉がある。仕事とプライベートのバランスを取って、人生のクオリティを上げようというものだ。プライベートを犠牲にして、仕事をするという環境から解放された」

「おかげで、プライベートで時間が取れるようになって助かってます」

「だが一方で、仕事に人生の価値を感じ、もっと働きたい人たちの仕事は制限され始めた。**ライフワークバランスと言うなら、個々人それぞれのバランスがあるはずだ。**

だが、ライフに時間を取る自由は許されるようになっても、ワークに時間を取る自由は許されなくなった。これでは**『ライフ』と『ワーク』の権力関係が変わっただけ**で、バランスがとれるようになったとは言えない」

たしかに、人それぞれのバランスがある以上、自分で決められないことはバランスのとれた生活とは言えないような気もする。それに多くの会社は、社員の仕事と生活のバランスを考えた結果ではなく、**世界や国という、もっと大きな権力の言うことに従っているに過ぎない**。だとするといつかは、また新たなものに変わってしまう。

「つまり、世の中が賛美するものとは、そういうものなのだ。それが正しいわけではなく、ただ多くの人が合意しているものに過ぎない。状況が変われば、まったく変わる代物だ。

だから、人が正しいと言う道が正しいわけでもないし、間違っているわけでもない。**正しさを判断する基準にならない**んだ。

間違っているのは、人が正しいというものを安易に正しいと思ってしまうこと。人の言う正しさに追随して、自分の判断を見失ってしまうことだ」

「自分の判断を見失う……」

「羊の群れのように、前に行く者についていってはいけない。多くの者が行く道につき従ってはいけない。それはとても危険な道なんだ。**正しさの尺度にならないものを信じて、自分の身を捧げてはいけない**」

初デートで映画館を選んだ理由に潜む自分の本心

男の話を聞いて、人の後を歩かないほうがいいのはわかった。だけど……。

「だからと言って、具体的にはどうすればいいんでしょうか?」

「答えはすでに出ている。自分の選んだ道を歩くことだ。人が選んだ道を歩く必要はない。道は君の歩いた場所にできていく」

「それはわかります。でも、実際どうすればいいのかわからないです」

「実際と言うと」

「概念だけで説明されても難しいですよ。もっとわかりやすい話で教えてください」

「もっと……、わかりやすい話……」

男は思案を始めた。その様子を見て、アッと思ったが、もう遅かった。

「では、わかりやすい話をしてみよう。君がまだ学生だった頃。初デートのときの話だ」

やっぱり……。

「初めての緊張のデートだ。君はデートの行き先はどうやって決めた」

僕は昔の記憶をたどった。

「ネットで……、女子がデートで行きたい場所を調べて……」

「初デートを成功させたい。でもどこに行ったらいいかがわからない。だから、君はたくさん調べたんだろうな」

「それはそうですよ。初めてですからね」

「たくさん調べた結果、女子の行きたいデートの場所はどこだった」

僕は記憶をたどった。

「映画館でした」

「そうか、映画館に行ったのか。人気の映画を観たんだろう。映画を観て会話は盛り上がったのか？」

僕は再び記憶をたどったが、残念ながら、美しい記憶は出てこなかった。

「いや、あんまり……。『おもしろかったね』ぐらいの話はしましたが」

「そうか。だがそれはそうだろう。君は、その映画が特別好きなわけではなかったのだろう。そして、相手も同じだろう。それで、会話が盛り上がるのはなかなか難しい。それもまだ関係がぎこちない二人であるなら、なおさらだ」

男は続ける。

「君は、なぜ映画館を選んだ？　なぜ、好きでもない映画を選んだ？　彼女のことを思うのに、**なぜ、彼女ではなく、多くの者が『良い』という場所を選んだ？**

それは怖かったんだ。自分が間違った場所を選んでしまうのではないか、と。**失敗したくなかったんだ。皆が良いと言うものであれば、責任の所在は自分ではない。**失敗したとしても言い訳ができる。

だから、**人の評価で選んだ。彼女のためではなく、自分の安心と保身のためにね。**

そんな君を彼女が愛さないという結論を出したのも当然だ」

なぜ、毎回僕がフラれる結論に行きつくのか理解に苦しむが、心当たりがないわけではないのが傷つく。

君を評価できるのは誰？

「結局、**人は正しいことなんてどうでもいいんだ。正しそうでストレスのない選択さえできれば。**だから他人と同じ道を選ぶ。みんなと同じか、みんなより少し前に進めているという安心感さえ得られれば、本来何をすべきか、本当に正しいことは何かなんてどうでもいい」

男は続ける。

「だが、**『みんなが歩いているから』という理由だけで、それに付き従っていてはケガをする。**前の人も、その前の人に付き従っているだけで、誰もが正しさをもって歩いているわけではない。

だから、**『世の中がこうだから』**という理由で、他人に自分を従わせるのではなく、自分で進む道を判断するほうがいい。**『自分で道を歩くことが不安だから』**と言って、人の後ろを歩いていては、いつまで経っても、自分の目的地にはたどり着けないのだから」

さらに、男は続ける。

「君を評価できるのは、君だけだ。だから、人に評価されようと望むな。人の評価に従うな。**君が昨日の君を抜き去って行ければそれでいいん**だよ。そうやって君の道はできていく」

僕たちは、間違いを犯すのが嫌いだ。間違いをしない一番簡単な方法は、みんなが「正解」というものをやること。だが、それは、自分の正しさを放棄している。もちろん自分だけの話ではない。みんな同じだ。

だから、世の正しさとは大勢の正しさの放棄が集まってつくられた巨大な虚像に過ぎない。

虚像を信じるのではなく、自分を信じる——。

正しさとは、存在するものではなくて、自分を信じることでつくられるのかもしれない。

第9章

夢なしで目標をつくる方法

目標がないと頑張れない!?

「なあ、ドムス・アウレアって知ってる？」

僕は、男がこの言葉に強く反応したことが気になっていた。

だから、目の前でビールを飲んでいる友人に聞いてみた。

「ドム……、なんだそれ？　ドムドムバーガーなら知ってるよ」

「知るわけないよなあ。僕の会社でやってるプロジェクトの名前」

「お前の会社のプロジェクトなんて知るわけねえだろう」

「そうだよなあ。知るわけないよな」

そうだ。知るわけがない。なのに、あの男は何に反応したのだろう。

「で、お前。ドムドムバーガーについて、俺に語らせる機会はくれないの？　ゾウのマークのハンバーガー、ハンバーガーなのに、なんでゾウなんだって気にならない？」

「ああ、はいはい。今度な」

「冷たいなあ。このビールくらい冷たいよ、お前は」

そう言って、友人はマイナス温度のビールをぐいっと飲んだ。

「ぷはぁー。やっぱり冷たいビールと冷たい女の子は最高だよね！」

僕は、友人の話をお好みどおり冷たくスルーした。

「そんなことより、転職してどうなの？　うまくいってる？」

「それがさー。行ってみると大変でさ。まあ、そんな楽な職場なんてないよなあ。あと転職が目標みたいになっちゃってたから、目標がなくなっちゃったっていうか、このあと、どうしていいかわからなくて。まあ頑張るしかないんだけど」

「贅沢な悩みだなあ」

「でっ、お前はどうなの？　目標とか」

目標。急に言われてドキッとした。男にも目標は必要と言われたが、何が目標かと言われると、急に出てこない。

「毎日を頑張るだけだよ。今日の積み重ねが未来をつくるんだから」

「おっ、良いこと言うねえ。でも、頑張るって言ってもさ、何か目標がないと頑張れなくない？」

「そうだよなあ。目標……」

「欲望のままに」ではなく、「心のままに」

「先生、目標ってどうやって決めればいいんでしょうか？」

「急にどうしたんだ？」

「自分の道を歩くためには、目標が必要という話でしたが、目標ってどうやって決めたらいいんでしょうか？　夢を目標にすることは簡単ですが、夢なしで目標を決めるとなると難しいです」

「では、今日は目標のつくり方について考えていこう」

「はい。お願いします」

「目標をつくるのは、そんなに難しいことではない。**心のままに必要と思うところに目標を置けばいい**」

「心のままに……ですか？　心のままに目標を置く。……そう言われると、お金が欲しいとか、もっといい生活がしたいとかに戻っちゃいます」

男はふっと笑って答えた。

「**『心のままに』と言っても、『欲望のままに』ということではない。**君がどんな旅をしたいかということなんだ」

「旅？」

「唐突だったな。旅とは、限られた時間の中で、行きたいところに行って、いろんなものを見て回るだろう。その行きたいところ。それが心のままにということなんだよ」

「行きたいところ……」

「**旅は、限られているからこそ、どこに行くのか決めなければならないし、どうやって行くのかも考える。そうして、充分に旅の空気を味わう。**だからこそ、一つひとつの想い出が光り輝くものになる」

大学の卒業旅行を思い出した。限られた時間とお金の中だったけど、行った先の一つひとつを今でも覚えている。すごく大切な思い出になった。

「そうかもしれませんね」

「限られているというのは、つまり最初から終わりがわかっているということだ。**最終的な目的地が設定されているからこそ、その工程が大切に考えられ、大切に一つひ**

とつを味わい、すべてを意味のあるものにすることができる」

「なるほど」

「**人生も旅として考えるんだ。**旅の最終的な目的地に向かって、その旅を良いものにするために、何が必要かという視点で考えるんだ」

人生を旅として考えて、行き先を決めていく……。

人生の最終目的地はどこ？

男は続ける。

「とすると、**人生の最終目的地がどこかを決めなければならない。**それはどこだろうか？」

最終目的地……。学生のときは卒業が、目的地だったように思う。社会人で言えば、定年だろうか。プライベートでいえば結婚とか？

「さて、どこが人生の最終目的地だと思う？」

「時代によって最終目的地というのは変わるのではないでしょうか？」

「いや、それでは、最終目的地が変わっていくことになってしまう。どんな人間でも必ず向かう目的地がある。そこが目的地だ」

「まさか……」

人間が、人生の最後に迎えること……、としたらこれしかない。

「……死ぬこと」

「そのとおり」

たしかに、人生の最後の場所は「死」であることには間違いない。しかし……。

「それはちょっと嫌ですね」

「何が嫌なんだ?」

「何がって、死ぬのは嫌なことなのに、それが目的ってことになるじゃないですか?」

「たしかに、死に対する世間の評判は良くないな。しかし、**死を非難しても、それを経験した人は誰もいない**んだ。君だって死んだことはないだろう」

「それはそうですけど」

「では、**死に対して、悪いイメージを持つ必要はない**だろう」

「いやー、でも……」

人間が最後に迎えるのは「死」。それは知っている。誰でも知っている。でもそれを目的地と呼ぶのか。そこをゴールとするなら、バッドエンドだ。ゲームオーバーと言ってもいい。

僕たちは、いわばタイタニック号なのだ。**沈むことがあらかじめ決まっている船**に乗っている。どうせ沈むなら、粗末なボートではなく、豪華客船を楽しみたい。だから人は成功しようとする。夢を見る。限られた人生を謳歌《おうか》するために。死ぬべき人間であることを忘れ、生きている時間を楽しもうとする。

それなのに、バッドエンドを目的地にして旅をしようなんて、そんな憂鬱《ゆううつ》な旅はない。

「死ぬことって、やっぱり悲しいことなんですよ。それを目的地にして幸せにはなれないですよ」

「君は、死ぬことを、船が沈むことのように捉えているようだが、そうではない」

「じゃあ、なんなんですか？」

「**死とは、旅の終わり。船で言うなら沈没ではなく、港に帰ることだ。**

君は生まれる前はなんでもなかった。存在しなかったんだ。生まれることで初めて存在し、船に乗り、人生という船旅に出航した。その終わりは沈没ではない。港に帰ることだ。何もなかった君が何もなかったところに戻るのだから」

男は続ける。

「だから、君は**港に帰るまでに、どんな旅をしたいか考える**ことが必要なんだ。**何を見て、何を得て、何を楽しんで港に帰るかを考える。**死を目的地にするとはそういうことだ」

死とは沈没ではなく、港に帰ること……。

死を目的地にする3つの効能

「たしかにその考えも理解できます。でも、それが港に帰ることだとしても、やっぱり終わりなんて意識しないで、楽しい旅をしていたいです。旅行だって、もう帰らなきゃいけないと思うと億劫になるじゃないですか。せっかくの楽しんでいるのに、水を差す必要はないですよ」

男は少し笑って言った。

「死というものが、どれだけ人に嫌がられているか、君を見るとよくわかる。しかし、だからこそ、見る必要がある。君がこれまで学んできたことがある。**見たくない現実を先送りすると必ず訪れるものがある。**それは何だった？」

「……不安ですか？」

「そうだ、これも夢と同じなんだ。**現実を忘れて、不安を先送りしてみても、不安は消え去らない。**であれば、今その現実と向き合ったほうがいい。**死を認めたほうが不安から解放される。**不愉快なものは隠すのではなくて、認めてこそ、心は安定するんだ」

　夢とは、現在の不安を未来に先送りすること。男から学んだことだ。だが、「死」もそうだと言われて、ああそうですかとも思えない。「今を見て生きろ」と言われれば、できなくもないが、「いつも死を考えろ」と言われては憂鬱だ。

「安定しますかねえ」

「なかなか、納得いかないようだな。では、もっと前向きな話をしよう。**死を目的地にする3つの効能についてだ**」

「3つの効能……」

「1つ目。**最終的な目的地を決めれば、人の評価を気にする必要がなくなる。**目的地が決まっていれば、人生とはそこに向かって走るためのものになる。どこを目指すかわからないから、人の評価に左右されて、あちこちさ迷ってしまうのだ。一つひとつの目標を決められる資格があるのは、自身の生涯の到達目標を定めている人だけなんだ」

なるほど。たしかに、目的地が決まっていれば、人の言葉は気にならなくなるかもしれない。仕事でも、目的が明確なら、会議など必要がない。そして、目的が不明瞭だから、会議がなかなか終わらないのだ。目的地のない人生とは、空転している会議のようなものかもしれない。

「2つ目。**人生に締切を設けることができる。**人間とは、やろうやろうと思っても、なかなか実現することができないものだ。ついつい言い訳をして先延ばししてしまう。人は締切がなければ、何かをつくり出すことはできないんだ。だが、死を目的地にするなら、人生に締切を設けることができる。つまり、やりたいことが実現できるようになる。締切のない制作物ができあがらないように、人生に締切がなければ、人生はできあがらない」

いつかやれるといいなと思いながら、やっていないというのはよくあることだけど、その多くは実現しない。なぜなら、「いつか」はずっと「いつか」だから。人生に締切を設けることで、「やれるといいな」が実現できるとしたら、それはとても充実した人生を与えてくれそうだ。

「3つ目。目的地を決めるというのは、言い換えれば、目的地以外の場所に行かないことを決める、ということだ。つまり、**何を捨てるかを決める**ことになる。自分にとって何が必要かを決めるのは難しいが、何がいらないかを決めるのは、決めやすい。何がいらないのかがわかれば、君の人生の迷うべき選択肢は減り、歩くべき道が簡潔に示される」

つまり、部屋の掃除と同じということだ。持ち物はなかなか捨てられないけれど、何でもとっておくと、部屋の中は大変なことなってしまう。でも、捨ててしまえば、スッキリする。どこに何があるかもよくわかる。人生も同じで、何でも持ち続けていると混乱する。でも、捨てるものを決められるようになれば、シンプルになって迷いが減るのかもしれない。

自分の人生にとって、大切にすべきものが見えてくる

「どうだ。死を目的地にする意味。わかってもらえたかい？」

「そうですね……。たしかに、メリットは多いように思います。でも……」

「でも、どうした？」

「死を目的地にするって、つまり、『**どう死にたいかを考える**』ってことですよね？どうやって死にたいかなんて、どうやって考えて、どうやって目標にしていけばいいんでしょうか？」

男はうなずいた。

「**君が死んでしまったときのことを考えてみよう。**そのとき良かったと思えることは人生の目標になりえるし、そうでないことは人生の目標にはなりにくい」

男は僕に尋ねた。

「例えば、苦楽を共にした友人や家族が、枕元にいる。それは意味のあることかい」

「それはうれしいと思います」

「ならば、**友人や家族は大切にすること**だ。かけがえのない存在になってくれるだろう」

男はさらに問う。

「例えば、貯金が1億円ある。これは、死んだときに意味のあることかい」

「うーん、**死んでしまったらお金は使えないから、どうでもいい**かもしれません」

「ならば、お金は生きていく以上のものは必要ないとするか、**持っているなら使う必要があると**いうことだ」

「なるほど」

「他には、SNSのフォロワーが1万人いる。これは意味のあることかい」

「うーん、自分のことを認めてくれている人の数のように見えて、少しうれしいかもしれないですが、やっぱり一緒にいてくれる人ではないのであまり意味がないかもしれません」

「ならば、君にとってそんなに大切なことではないのかもしれない」

男は続ける。

「**最終的に何が必要かは人によって違う**だろう。だが、**自分がまさに死んでしまうことを想像したとき、必要と思えることが君の人生にとって最も必要なこと**だ。それを考えていけば、自分の人生の目標は少しずつ形になっていく」

目標を決めることは難しい。はっきりとした目標を決めてまっすぐに一本の道を進む。そんな生き方には憧れるけれど、僕にはなかなか難しい。

でも、**自分の人生にとって必要ないものは外す**ことはできるかもしれない。たったそれだけで進む道の精度は格段に上がる。だから、死について考える。そうすれば、人生はゴールに向かって動き出す。

不思議なサウナ男の正体

僕の様子を見ながら、男は言った。

「死を目的地にする意味は、わかってもらえただろうか？」

僕は男の顔を見ながらうなずいた

この男は、いつも優しくないことを言う。「夢を見るな」「死を目的地にしろ」と、僕の理解と180度逆のことを言う。

最初はびっくりもするが、僕の持っていた常識と真逆のはずのその話が、まさに僕を苦しめていたものだと気づかされる。拒否したいほど熱苦しいのに、受け止めるとスッキリする。まさにサウナのような男だ。

この不思議な男の顔を見ながら、ふと思った。

この男は、なぜこんな考えをするようになり、なぜ僕にこのようなことを教えてくれるのだろう?

いったい何を目標に?

僕は男に聞いた。

「先生の目標って何なんですか?」

「オレの目標……」

男は、少し考えるように沈黙した。

僕はその答えを興味深く待った。

男は言った。

「オレには……目標はない」

僕は、その言葉に戸惑った。

「それって、おかしいじゃないですか？　さっき僕には目標を持てって言ったばかりじゃないですか」

「目標とは、『どのように死を迎えたいかだ』と言った」

「言ってました。だから先生は、どんな目標を持っているのかなって」

「ああ。だから、オレには目標がない」

「どういうことですか？」

「なぜなら、オレは、もう死んでいるからだ」

「死んでるって……。だって、目の前にいるじゃないですか」

「オレは、サウナの中で死んだんだ。だからここにいる」

「えっ⁉」

第10章

自分の反応が、その意味を決める

幽霊との向き合い方

「なあ、幽霊っていると思う？」

「はぁ？」

友人は、「頭は大丈夫か？」という顔で、ジョッキを持つ手の動きを止めた。

「お前なあ、いくら話すことがないからっていっても、さすがに話題がどうでもよすぎないか？」

「大事な話なんだよ！」

「そうなの？？　幽霊が？？」

友人は焼き鳥にレモンを絞りながら、目をまん丸くしている。

「あっ、いや、ほら。わかんないじゃん。見たことある？」

「あるわけねーだろ。幽霊なんて」

「だ、だよな。でも、もしホントにいたとして、幽霊ってどうやって見分ければいいのかな」

友人は、焼き鳥の串をくわえながら、思案している。

「そりゃあ。幽霊ってのはさ、自分で幽霊らしきことを言うんじゃないか。『うらめしや〜』とかさ。それで見分けるんじゃないか」

うらめしや……。その幽霊は、「夢を見るな」とかしか言わない。

「でも、言わなかったらどうすんだろうな」

「そのときは〜、やっぱり服装とか髪型じゃないか？　髪の毛がやたらと長かったり、服装が真っ白だったりとか」

服を身に着けず、タオルだけの裸の幽霊、というのはいるのだろうか……。

「じゃあさ、例えば、さ。サウナにいるマッチョな裸のおじさんを幽霊って見分けるって方法ってないかな」

「はあ？」

友人は、焼き鳥の串を横にして、歯で肉を引っ張りながら言った。

「そんな健康な幽霊いないだろう」

でも、その健康な男が「死んでる」って言うんだよ……。

「いやでも、幽霊だって、みんな不健康ってわけじゃないんじゃない？」

「んー」

「本人が自分で『死んでる』って言ったら、幽霊なのかな?」

少し考えた後、友人は食べ終わった焼き鳥の串をポイッと串入れに投げ入れた。

「まあなんでもいいんじゃない。怖くないなら、普通の人と変わらないんじゃない」

「そうか……、まあ……、そうだよな」

たしかにそうだ。幽霊は怖いという前提がある。怖くなくて普通の人間と変わらないなら、これはもう普通の人だ。僕は自分に言い聞かすようにうなずいた。

「そうだよな……。幽霊だって普通の人だよな……」

「変な奴だな」

友人は怪訝《けげん》な顔で僕を見ながらビールを飲んでいた。

「オレはもう死んでいる」と言う男の言葉をそのまま信じるとしたら、彼は幽霊ということになる。

幽霊なんているわけはない。いるわけないが、思い当たる節はある。

いつもどこからともなく突然現れることや、いつも来ているはずのこの男を、店員が認識していなかったこと。

実体がない。だから、急に現れる。

人には見えない。だから店員は男のことを知らない。

そう考えれば、説明がつく。

出会ったときから、どこか不思議な感じはしていた。だから、直感として、どこか納得している自分がいる。

でも、受け止めようもないものを、どうやって受け止めたらいいのか？

迷っていたが、友人と話して心は決まった。

見えない不安に悩むのではなくて、目の前に見えているものと向き合ったほうがいい。

普通の人と変わらないのであれば、それはもう普通の人なのだ。

それに、今の僕にとって、彼は必要な人なのだ。

僕の知りたいことは、何でも教えてくれる。僕の迷いを何だって、解消してくれる。

そんな人なのだ。

であれば、そのように向き合えばいい。

僕は鞄を持って席を立った。

「じゃあ、俺、今日は帰るわ」

「えっ、どこ行くんだよ」

「幽霊のところ」

「はっ？」

2000年経っても、人の心や悩みは変わらない

僕は勢いよく、扉を開けた。

「らっしゃっせー」

店員が迎える。

「誰か来てますか？」

「今日は誰もいないっすよ」

そうか。今日も、いつもどおり誰もいない。

サウナの扉を開ける。

サウナの霧が僕を包む。

目が慣れると、座っている男の姿が見える。


「来たか、青年」

男の様子はいつもと変わらない。

僕も、いつもと同じように、自分の疑問を男に聞いた。

「先生は、いったい何者なんですか?」

男はうなずいた。そしてゆっくりと話し始めた
「オレ自身よくわからないんだ。オレが何者なのか? なぜオレが存在できるのか?」

男はいつものようにゆっくりと話している。僕もいつものように男の話の続きを待った。

「オレがまだ生きていたときのあの日、オレは死を命じられた。死を堂々と受け入れることで、オレに死を命じた人間に人の強さというものを見せようとした。オレは自

ら手首を切った。しかし、血が思ったように流れなかったため、血の流れを良くするために、自宅のサウナに入った。そこでようやく事切れた。……そのはずだったのだが、気づいたら、サウナの中で目覚めていた。

死ねなかったのかと思い、外に出ようとしたが、扉の向こうに進めない。閉じ込められたのかと思い、いろいろな方法を試したが、外に出ることができなかった。そのとき、私は悟った。私の魂は死にきれず、ここに残ってしまったのだと。そこから、ずっとサウナの中で過ごすことになった」

「サウナの中でずっと……」

「サウナには、時に人が訪れた。オレはその相手と話すことができた。人と話すと、オレは、その相手の意識の中を少し覗くことができた。何人もの訪れる人々と話し、長い時をここで過ごした」

「どのくらい、ここにいるんですか？」

「そうだな……。もう2000年くらいになるだろうか」

「2000年⁉」

「過ぎてみれば、たいした時間ではない。このくらいの時では、人は変わらないことを知った。**人間というものは、どれだけ時間が経っても、その心は変化しないんだ。皆同じように、夢を信じ、同じように悩み、同じように苦しんでいる。**君のように変わっていくのは道具だけだ」

「道具……？」

「オレは、**2000年前は哲学者として生きていた。**『人はどう生きるべきか』をずっと考えてきた。だが、皮肉なことに、死んだはずのオレが、多くの生きている人々と向き合う機会が与えられた。どう生きるべきかについて語り合った。だが、**どれだけ時が流れても、人間の生き方は進歩しなかった。**ただ道具だけが進化していく。『科学』という名の道具が、な」

「科学」は人の欲望を生み、「哲学」を飲み込んだ

男は続ける。

「かつて『哲学』には2つの内容があった。人間を観察し、その法則を見つけるもの

と、自然を観察し、その法則を見つけるものだ。**『人』を知り、『自然』を知る。**

この**2つは表裏の関係にあったが、引き離されてしまった。**そして、前者は**『哲学』**、後者は**『科学』**と呼ばれるようになった。

科学だけが進歩し、その科学が工業を生み、そして巨大な経済を生み出した。この巨大な経済を前提とした資本主義社会は、次々と富や技術を生み出した。

人は、その富や技術に魅了され、『欲望』に囚われた。どれだけ欲望を叶えるかが成功の証だというように、果てしない栄華に憧れるようになった。

一方で、**その巨大になった『科学』に飲み込まれるように『哲学』は消えていった。**人間を観察する力を失っていった。

その結果、現代では、自分を知らないまま、巨大な欲望と向き合わされているのだ。

それでは人が苦しむのも無理はない。**人が目指すべきは、欲望の実現ではない。その欲望と向き合う力だ」**

現代に失われた「人」を知る技術

男の話は止まらない。

「かつて、**私には最愛の教え子がいた。**賢く勇敢な青年だった。だが、その男でさえ、**欲望の力に飲み込まれ、欲望に振り回された**」

「もしかして、前に言っていたネロって人ですか？」

「ああ、そうだ」

「オレはその男を救うことができなかった」

「……何があったんですか？」

「ネロを苦しみから救うことができず、最終的には……自殺した」

「そうでしたか……」

「私は、**ネロのような男を少しでも生み出さないためにここにいる**と思っている。現代に失われた『人』を知る技術。それを伝え、少しでも、救われる人間がいるなら本望だ」

砂時計の秘密

男は、やはりこの世にはいない男だった。

僕は知ることができた。なぜ、この男がサウナにいて、僕にいろんなことを教えてくれるのかも。

でも、まだわからないことがある。

「なぜ、自分のことを、急に教えてくれる気になったんですか?」

男は答えた。

「そろそろ時間だからだ」

「時間?」

「砂時計だ」

男は壁の翼の生えた砂時計を指差した。

「あの砂時計の砂が尽きたとき、このサウナは死を迎える。この場所から、流れ去り、蜃気楼《しんきろう》のように消える」

このサウナが消える……!?　そんなことって。

あの砂時計……、ずいぶんゆっくりだと思っていたが、そういうことだったのか……。あれは、このサウナ自体の残り時間。その砂時計は、今はもう、3分の2ほどの砂が流れ落ちている。

「死を迎えたサウナは、またどこかで再生される。永遠に死を繰り返すサウナ。それがこのサウナだ」

「永遠に死を繰り返すサウナ……」

「なぜ、死を繰り返すのか……?　それは、**オレへの罰なのだ**と思っている。教え子を救えなかった罰だと、な。**オレは死人でありながら、永遠に死を許されることがない**」

そう言った後、男は話を終えたように調子を変えた。

「そういうわけだ。もう君と過ごせる時間もあまりない。残りの時間でまだまだ君に伝えたいことがある」

僕は男の言葉にうなずいた。

残り少しの時間――。
それが、どのくらい時間が残っているかは正確にはわからない。だけど、砂時計の砂が落ち切るその瞬間まで、僕は男に学ぼうと思う。それが、男がここにいる意味であり、いろんなことを教えてくれた男に、僕にできる感謝の気持ちでもあるのだから。

あらゆることは、反応して初めて意味を持つ

僕は今日も男の下《もと》で学ぶために、サウナに来ている。

残り時間がわかった以上、もう男の残りの時間を無駄にすることはできない。僕は、これまで以上に意気込んで、男の話を聞いている。


「さて、今日は**反応の仕方**について学んでいこう」

「反応の仕方ですか?」

「そうだ。君が物事にどのように反応するか? それ次第で人生は大きく変わる」

「反応……、つまり、どういうことなのでしょうか？」

「例えば、仕事のときに君の上司がこう言ったとする。『君は本当に仕事ができない男だな』と」

「それは、傷つきそうですね……」

「さて、君を傷つけたのは誰だ？」

「えっ？ 上司に決まってるじゃないですか」

男は首を横に振った。

「不正解だ」

「えっ？ でも、他に誰がいます？ 上司が傷つく言葉を言ったんだから、上司が傷つけた以外にないじゃないですか」

「君を傷つけているのは、君自身だ」

「そんな……。なんで僕が悪いんですか？ 僕が傷つけられているのに」

「**どんなものであっても、君の反応があって初めて意味を持つ**。誰かが言葉を放った。君はその言葉を受け取った。そして君は思った。その思ったこと。これが物事に意味付けをするんだよ。だから、上司の言葉は、君が思うという反応をするまでは、特に意味を持たない。君が上司の言葉に『傷つく』という反応をすることで、君が傷つくという意味を持たせている」

「僕の反応が……？　なんだか納得がいきません」

「例えば、『海は何色か？』と問われれば、何色と答えるだろうか？」

「青……ですかね」

「そう。海は青い。しかし、透明にも見える。緑にも見えるだろう。夕暮れどきにはオレンジに、夜には黒にだって見える。**同じ事象でも、見方によって事実は変わるんだよ**」

「それはそうかもしれませんが」

「同じように、いくつもある見方の中で、君が言葉に対して『傷つく』という見方を選択している。つまり、『**我々を苦しめているのは、物事それ自体ではなく、物事に対しての我々の反応**』なんだ」

「……とは言っても、仕事ができないなんて言われたら、誰だって傷つくと思います。みんなが同じように思うことなら、僕の反応よりも、言った人の言葉のほうに問題があると思います。言われたほうが悪いみたいに言われると、なんだか腑《ふ》に落ちません」

「**誰が悪いかの話ではない。**傷つけやすい言葉を言った人間の想像力のなさや邪悪さが免罪されるわけではない。

だが、言った人間が悪いとしても、我々が傷つくという反応をする必要がない。多くの人が同じ反応するからと言って、君も同じような選択をする必要がないんだ。

それに、**君が仕事ができないというのは、言った人間にとってそうであるということに過ぎず、君が仕事ができない人間だということにはならないんだ**」

「……でも、少なくとも言った人は、僕を評価していないわけですから、それは悲しいじゃないですか？」

「**すべての人に評価されるのは不可能**なんだよ。『誰かの評価に合わせる』ということは、『他の誰かの評価に合わせない』ということなんだ。すべての人から評価されるという永遠にたどり着けない完璧な評価を目指すのは、君の心にとって無意味どころか、有害だ。とすると、**君は誰の評価を望むべきだろうか？**」

そうすると、いつもの答えに行きつく。

「……自分ってことですよね？」

「そうだ」

「物事の反応・見方を変える」トレーニング

「うーん、言っていることはわかりますけど、そんなふうに思うのは難しいですよ。もっとわかりやすく……」

「もっと……、わかりやすく……？」

この流れは良くない。

「……じゃなくて。もっと理解を深めたいです」

「わかりやすい説明は？」

「いや大丈夫。結構です」

「……そうか」

男は少し残念そうな顔をしたように見えた。

「わかった……。では話を戻そう。物事への我々の反応が、物事がどんな姿をしているのかを決めている。だから、**物事への自分の反応を変えれば、物事の姿は変わるん**

だ。

すぐに変えるのは難しい。慣れてしまった見方を変えるのは簡単ではないだろう。

だからまずは、**自分が傷ついているのは、物事のせいではなく、自分がその選択をしているからだと知る**こと。そして、**それを理解しながら、物事を眺める**こと。

何度も繰り返しているうちに、君の見方は変わってくる。物事に感情で即座に反応するのではなく、**物事と感情を切り離す間をつくれるようになる**。そうすれば、傷つくことから逃れ、心に安定がもたらされる」

不正を生み出す根本原因

「何度も繰り返すのは大変そうですね」

「やったほうがいい。現代では特に」

「現代では特に、ですか？」

「現代は、自分にふりかかる不正が多いんだ」

「不正って何ですか？」

「不正とは、自分に対して行なわれる正しくない行為。つまり、**誹謗《ひぼう》中傷**や**いじめ**、**ハラスメント**などがそれに当たる」

「なるほど、最近はどれもよく聞く言葉になりましたね」

「**現代では不正は拡大している。**接する人の数が増えた分だけ、不正が増えた。多様な人と接するようになり、不正の種類が増えた。さらには、個人による不正だけでなく、SNSなどによって不正が集団化されるようになった。この3つが絡み合って、不正は膨大になっている」

「なるほど。でも、どのように向き合えばいいのでしょうか？」

「不正と向き合う上で、まずは不正を分類してみよう。『**不正をする**』と『**不正をされる**』だ」

「ふんふん」

「まず、当たり前のことだが、**不正をする側にならない**」

「それはもちろんです」

「もちろんと言うが、気を付ける必要がある。**人は誰も不正をしようと思って不正をしていない**のだから」

「不正をする本人は、不正と思ってないということですか？」

「そう。不正とは、他人を傷つけたくて生まれるわけではないんだ。**自分が正しいと思う気持ちが不正を生み出している**」

「正しいと思って、人を傷つけるってことですか？」

「自分が正しいと思うということは、逆に言えば、相手が間違っていると思うということなんだ。正しいと思う者からすれば、間違いを起こす者は正されなければならないし、罰されなければならない」

「なるほど、だから、正しい人間が、人を傷つけるわけですね」

「**人は『間違いたくない』という不安をいつも抱えている。**だから、不安を払拭するもの、つまり、**正しさをいつも欲しがっている。**そして、正しさとは行使を欲する。行使しない正しさは人の目に触れず、誰にも評価をされないからだ。だから、その正義を振りかざす。その正義が人を傷つける」

「本人が『正しい』と思っているんだったら、難しい話ですね……」

「だが、**どんなに正しいと思っていても、他人への攻撃は正当化されない。**自分がどんな苦痛を受けたとしても、苦痛をやり返すなら、やっていることは順番以外に変わりはない。**先に自分が傷つけられたという少しの言い訳付きで同じ過ちを犯している**だけなんだ」

昨今は、間違いを犯した人を、大勢で攻撃する傾向がある。アイツは間違いを犯したのだからと、**正義を盾に攻撃する**。

だけど、それぞれの正義が集まれば、それは強力な正義ではなく、強力な凶器となる。それは不正を犯した人間と同じ過ちどころか、もっと大きな過ちを犯しているということなのかもしれない。**正義を隠れ蓑《みの》に、自分の罪を免罪してはいけない**。

「次に、**不正を受ける側にならない**こと」

「避けるのは難しそうですね……」

「避ける方法は簡単だ。**人の評価に自分を依存させない**こと」

「それだけですか？」

「そう。不正というのは、『人からどう思われているだろうか？』『自分はちゃんとやれているのだろうか？』という不安に、人の言葉が合致したに過ぎない。だから、**人からの評価に依存しなければ、どんな言葉であれ、不正は不正にならない**。多少不愉快ではあったとしても、君の内面まで入って行き、君を破壊することは不可能なんだ」

「つまりは、**心を乱されないために、コントロールできない他人の評価を無視する**ということですね」

僕の学びの成果を感じてくれたのか、男はしっかりとうなずいた。

賞賛と不正はセット

「では、最後にもう1つ、君に聞こう」

「何でしょうか？」

「上司からこのように言われたとする。『君はこの会社にとって、なくてはならない存在だ』と。さて。君はどう思う」

「それはうれしいと思います」

「喜ぶというのか？」

「はい。喜びます」

「喜ばせたのは誰だ？」

「それは、上司です。……あれっ？」

「そうだ。これも同じだ。**これに喜ぶなら、不正にも傷つかなければならなくなる**」

「……そうなりますね」

「**賞賛も不正も、等しく扱わなければならないんだ。**不正を悲しんでも、賞賛を喜んでもいけない。賞賛も不正も同じように、君の不安が源なのだから。**人の評価に依存しないということは、マイナスもプラスも同様に扱わなければならないんだ。**そうでなければ、君は不正や侮辱を避けることはできないんだよ」

褒められて喜ぶことは、貶《けな》されて悲しむことの裏返し。どちらか一方を選ぶことはできない。

もし人が人を悪く言わない世界を存在するなら、どちらか一方を選ぶこともできる。だけど、それが現実的ではないのは、ＳＮＳを見るだけでもよくわかる。

そもそも、悪意がなかったとしても、人はそれぞれ感じ方が違うのだから、悪意のない言葉さえ、不正にしてしまう。……でも、だからと言って、悲しみも喜びのない人生。そんなものに価値はあるのだろうか。

「たしかにどちらも選ばなければ、悲しみはなくなるかもしれません。でも、喜びのない人生を送るくらいなら、僕は、悲しみはあっても喜びのある人生を選びたいです」

「選ばなくていい。選ばなくても、君には喜びのある人生が手に入るんだ」

「どうやってですか？」

「**君自身が君を喜ばせればいい。**君以上に君を知る人間はいないんだ。だから、君ほど、君を喜ばせられる人間はどこにもいない。人の評価に従いながら、人の後ろをついていく人生に比べて、自分が先頭を歩き、自分の道を踏みしめる喜びは、どれだけ充実と喜びを感じるだろうか」

男は続ける。

「**万人の賞賛や批判を怖れて、落ち着きのない人生を送ってはいけない。**他人という外部に自分を依存してはいけない。

気持ち良く人生を送るということは、賞賛を欲しがることではない。他人の賞賛がなくても快適に生きていけること。これが何より喜びのある人生なんだ」

第11章

人生における「危険」の値打ち

なぜ幸せな人生には危険や失敗があったほうがいいのか？

今日もまた、砂時計の砂が減っていく。

最初に見たときは、ほとんど砂が流れない砂時計だと思っていたが、今やずいぶんと早く感じる。

だから、気が焦ってしまう。いやダメだ。焦ってはいけない。心をコントロールしなければならない。わかってはいながらも、まだまだ男の教えを実現できない僕がいる。

今日も男の授業は続く。

「人生に起きる危険の数々は、人生にとって良くないことだろうか？」

「危険なことってどんなことですか？」

「例えば、お金の喪失、失恋、友人からの裏切り、仕事の失敗、他人からの誹謗中傷のようなことだ。君の人生を危険に陥れる数々だ」

人生とは、幸せになるために生きている。自分の幸せを奪うようなものへの評価は一択だ。

「良くないでしょう。それは」

「歯切れのいい答えだな」

「それは、そうですよ。誰が好き好んで、自分の大切な物を失うような危険を喜ぶんですか？」

「危険を欲しがる人はいないだろうが、**危険は君にとって必要なことでもある**」

「どういうことです？」

「**危険がなければ、君は自分の力を試す機会を失ってしまう**」

「力を試す……？」

「例えば……、まずは、お手軽にゲームの話をしてみよう」

「ゲームですか……」

「ＲＰＧゲームをやるときに、君の最初のレベルは1だ。最初は雑魚との戦いから始まる」

「懐かしいです。そういうゲームって最初はかわいらしくて弱い敵と戦いますよね」

「だが、強くなろうとすれば、もっとレベルの高い強敵と戦わなければならない。強い敵と戦えば、負けることが増える。時には、全滅することもあるだろう」

「そうそう。手強い敵から受けるダメージが大きいんですよね。なかなか勝てない敵もいました」

「だからと言って、雑魚とばかり戦っていては、いつまで経っても勝てるようにはならない」

「それだと、レベルが上がりませんからね」

「人生も同じなんだ。**雑魚とばかり戦っていては、いつまで経っても、君の本当の力を知ることはできないし、力をつけることもできない。**危険な強敵と戦ってこそ強くなる」

「それはわかりますが、でもゲームの話ですよね？」

「現実でもそれは変わらない。例えば、勉強もそうだろう。正解できる問題ばかり解いていては、新しいことを知ることはできない。間違ってこそ、新たなものを知ることができる」

たしかに、勉強も100点をとるのは気持ちがいいけど、間違いというダメージを受けて、その間違いを乗り越えて、知識はついていく。

「筋トレもそうだろう。体にかける負荷を増やせば、細胞は破壊される。だが、細胞が破壊されるからこそ、その後により強力な再生が行なわれ、新たに筋肉を得ることができる」

「そうですけど……。でも、勉強も、筋トレも成長のためにやることです。それって人生の危険ではないですよね？」

「人生の危険だって、同じことだ。例えば、仕事での危険だってそうだ。**事業の失敗という大きな痛みがあったとしても、その失敗の経験が、未来の成功を生み出してくれる。**恋愛だってそうだ。人と向き合い、それでもうまくいかない痛みを知っているからこそ、人に優しくもできるし、愛することもできる。**人生とは、失うものがあってこそ、成長が促される**」

「うーん。たしかにそうかもしれません」

成功以上に失敗を乗り越えたことを喜ぶ

「トーマス・エジソンを知っているかい?」

「知ってます。偉大な発明家ですよね?」

「そう。電球や蓄音機等、数多くの発明をした。彼の言葉にこういうものがある。

『それは失敗ではない。うまくいかない1万通りの方法を発見したのだ』と。

彼は失敗という概念そのものを否定しているが、どれだけ失敗しようが、それは成長のための糧だということでもある」

「なるほど」

「成功は、運が良ければ誰にだって訪れることもある。だが、**失うという不安や試練を克服して、それを乗り越えることは、力がなくてはできない**ことだ。だから、喜ぶのであれば、成功以上に、失敗を乗り越えたことに喜ぶべきだろう」

男は続ける。

「困難な状況が一度もない人生を過ごすという幸運は、人を不幸にする。不幸なことがないというのは、実は不幸なことなんだ。

何のハードルもなしに人生を過ごしたら、自分に何ができるのかを知ることができない。何者であるのかを知ることができない。多くの災いは、不幸をもたらす以上に力をもたらすんだ」

「老害」になってしまう人の特徴

男はさらに続ける。

「それに、**災難と思っていたことが実は幸せの原因である場合も多い。**失恋は、もっとすばらしい出会いを生むかもしれない。仕事の失敗は、より強力なアイデアを生むかもしれない。

逆に、**大きな感謝とともに受け止めたことが転落の原因であることも多い。**事業の成功が、その先の成長を阻むことも、誰かに愛されることが、慢心を生み、人が去るきっかけになることもある。日本の敗戦が、高度成長のきっかけを生み、高度成長が長い不況のきっかけを生んだように。**幸せな者が幸せから捨てられる地点も、不幸な者が不幸から解放される地点もすぐ近くにある**」

「だから、失敗を恐れずに受け止めるということですね」

「そう。しかし、もう1つ、気を付けなければならないことがある」

「何でしょうか？」

「力を得たとしても、そこで終わってはいけない」

「そこで終わる？」

「試練と戦い、乗り越え、力を得たとしても、**その力がもたらした場所に安住すれば、また失敗を恐れるようになる**。

かつて勇者だった者が、失敗を恐れ、変化を忘れ、試練と戦う意志を失い、その地位からの転落の危険に怯える。そして、過去の成功や得た地位を振りかざす。それを**『老害』**と呼ぶ。**失う覚悟を忘れた者、**それを老害と呼ぶんだ」

「老害……。なりたくなければ、ずっと油断してはいけないんですね……」

「いつだって人は失うことが嫌いだ。苦労して得たなら、なおさらだ。だが、**失う覚**

悟を失えば、そこで成長も止まってしまう」

「そうですね」

「君のゴールはそこではない。もっともっと先にある。君のゴールは、ミスをした仕事ではない。その悲しみの果てに別れた恋愛でもない。その欲望に囚われて失ったお金でもない。努力して獲得した成功という果実でもない。もっと先にあるんだ。

君が痛みを受けたのは、過程に過ぎない。受けた痛みに絶望して、うなだれるのではなく、**その痛みを利用して前に進まなければならない。**栄えあるゴールを目指すために」

第12章

限られた「時間」の使い方

「人生の変化」の兆し

男が消える。そんなことがあるのだろうか？　男の言葉を信じるなら、そういうことになる。

だが、そんな奇跡のようなことが本当に起きるのだろうか。いや、奇跡と言うならもう目撃している。

現実には存在しない男が存在するという奇跡が起きている。だから、男が消えるという奇跡もまた起きてしまうのだろう。でも……。

僕は会社の机に向かって、答えの出ないことに頭をグルグルとさせていた。

「ボーッとしてんなあ」

呆れたような声がする。

「あっ、先輩」

「ちょっと、いいか？　向こうの会議室で」

「はい……、大丈夫です」

僕は一緒に会議室に移動した。

会議室の扉を開けると、そこには上司が待っていた。

「連れてきました」

そう言うと、先輩も椅子に座った。

「まあ、座れよ」

いったいなんだ⁉　またなんかやらかしたっけ？　上司に言われるがままに、僕は席に着いた。

「……ドムス・アウレア」

「えっ⁉」

「ドムス・アウレアの最終プレゼン、うちが選ばれた」

「ホントですか！　良かったです！」

「で、これからのオペレーションはお前にやってもらいたい」

「えっ……、でも……」

「嫌か？」

「いや、そんなわけでは。でも僕じゃ、相手が納得しないんじゃ……」

「プレゼンは通ったからな。今さら、うちが外されたりはしないから大丈夫だ」

「でも……、そんなリスクをとらなくても……」

上司は、先輩を指差して言った。

「コイツがな。お前にやらせるべきだって」

「えっ」

上司の隣に座っている先輩が言った。

「元々お前がやってた企画だからな。最初は不貞腐れてたように見えたから、外したほうがいいかと思ったんだけど。でも、その後のお前を見てたら大丈夫じゃないかって。始まればいいことばかりじゃないからな。良いことも悪いことも。お前なら受け止められるんじゃないかと思ってな」

「やるか?」

上司は言った。

もちろん迷うことはない。

「はい！　やらせてください！」

「わかった。じゃあよろしくな」

僕は会議室をあとにした。

思いがけないうれしい状況に舞い上がりそうになる。

だけど、それはダメだ。

褒められても、貶されても、僕のやることは変わらない。

失敗しても、成功しても、僕がやるべきことは変わらない。

それが男に教えてもらったこと。

そんな僕を先輩も認めてくれたんだ。

もしかしたら僕は、男の話を聞いて、少しは変われているのかもしれない。

＊

「らっしゃっせー」

扉を開けた僕に店員が声をかける。

僕は、その声に応えて笑顔を戻した。

「お兄さん、今日はなんだか機嫌が良さそうですねー。なんかいいことありました？」

僕は、今日の会社でのやりとりを思い出した。

「まあ、仕事でちょっと」

「マジっすか！　良かったですねー」

店員は、すごく喜んでくれた。

「このサウナのおかげですよ」

サウナの効能ではないが、その言葉に嘘はない。

「そんなふうに言ってもらえるのってうれしいっす！」

店員は喜んでいる。

「じゃあ、お祝いで、お水サービスしときますね！　楽しんでいってくださいね」

店員はペットボトルを僕に手渡しながら、人懐っこい笑顔で言った。

「あっ、でも。今日はもう遅いですから。時間だけは守ってくださいね。うちは閉店時間にはきっちり閉める主義なんで！」

釘を刺すべきところに釘を刺された僕は、ちらっと時計を見た。まだ時間はある。

大丈夫。

「じゃあ、今日も行ってらっしゃいませー」

店員に促されながら、僕はサウナに入った。

時間を大切にしているかどうかがわかる質問

「今日は**時間の使い方**について話そう」

「はい。お願いします」

「君にとって時間とは大切なものかい？」

「もちろん、大切です。だって、先生は**今を生きることが大切だ**って言ったじゃないですか？　それって時間が一番大切だってことですよね」

男はうなずいた。

「そうだ。よく覚えているな」

「もちろんですよ！」

僕は男と話した成果を示すことができて、少し得意気になった。

僕は、ちらっと砂時計を見た。砂時計の砂はもうかなり少ない。

こうやって残りの時間を突きつけられると、時間の大切さは嫌でも身に染みる。

「では聞くが、君は本当に時間を大切にできているかい？」

「もちろんです！」

「では、少し違う問いをしよう。もし、友人が急に『お金をくれ』と言ってきたらどうする？」

「何なんですか、その質問」

「どうする？」

男は真面目な顔でこちらを見ている。こういうときは、冗談で聞いているわけではないことは、これまでの経験でわかっている。この男は、空気を読むことができないのだ。どうかとは思うが、僕は少しうれしさも覚えている。何を語ろうが、男もしょせんは人間なのだと。

だから、僕は仕方なく答えた。

「そりゃあ断りますよ」

「次の質問だ。もし友人が君の家に入ってきて、『俺も今日からここに住む』って言ってきたらどうする？」

「追い出しますね。僕のプライベートがなくなりますから」

「では次の質問だ。友人が『君の恋人を俺によこせ』と言ってきたらどうする？」

「もはや言葉がありません。黙ってその友人との縁を切ります。何なんですか、いったい」

「次が最後の質問だ。友人が急に『ちょっと時間をくれ』と言ってきたらどうする？」

「……どうしたの？　と言って話を聞きますね」

「なぜだ？」

「なぜって」

「なぜ、他のときのように断らない」

「ちょっとくらい……、いいじゃないですか」

「なぜ、簡単にあげてしまうんだ？　他の持ち物はいっさい渡さないのに」

「ケチみたいに言わないでくださいよ……」

「なぜ、一番大切なはずの時間だけは簡単に手放してしまうのか」

「友達なんだし。それにたいした時間じゃないですから」

「君は、お金であれば、友達であっても、１００円だろうと理由なしで渡さないだろう」

「だから、そこまでケチではないですよっ」

そうは言いつつ、お金であれば、「何に使うの？」とは気になってしまう。だけど、時間の場合は、何の気にもせず渡してしまう。そういう意味では男の言うことは正しい。

人の求めに時間を簡単に使ってしまう2つの原因①

「**たいしたことのない時間を渡す。君の人生は、その繰り返しではないのか。**頼まれたからやる。誘われたから行く。やらなきゃいけないからやる。そうやって**人に時間を渡し続けた結果、君の時間のほとんどは消えている**のではないか」

僕の時間は、誘われたから行く遊び、会社から与えられた仕事のように、誰かに望まれた時間と、食事や睡眠などの毎日のルーティンでそのほとんどが費やされている。

でも……。

「それってダメなことなんですか？　だって、誰かに望まれたにしても、自分でその時間を提供しているんですから、僕が望んでやっていることじゃないですか？」

「君が望んでやっているなら問題ないだろう。しかし、本当にそうなのか？　めんどくさいと思いながら、仕事をしていたり、行くのが億劫《おっくう》だと思いながら、友人に会いに行ったりしてはいないか？」

「それは……。そういうこともあります……」

「それでは、君が望んでいるとは言えないだろう」

「まあ……、そうですね」

「それなのになぜ、**人の求めに応じて、時間を躊躇《ちゅうちょ》なく使ってしまうのか？**　それには2つの理由がある」

「2つの理由？」

「1つは、**時間の有限性への実感のなさ**だ。命というものに限りがあることは誰でも知っている。だが、死の実感を感じることがないから、時間の期限を感じない」

「死の実感……ですか」

「お金で言うなら、現金であれば、財布のお金や減っているという実際に起きている変化に気づくが、キャッシュレスの場合、変化が見えにくく、使っている実感を感じない。それと同じようなものだ」

「そうですね。どうすれば実感できるようになるのでしょうか？」

「これはとても難しい。まずは、前に教えたことだが、**死ぬべき存在であるという事実を避けるのではなく、自ら考える**ということだ」

「そうでしたね」

「あとは、**考えるタイミングをつくる**こと。週の始まりや月の始まりなど、今後の計画を立てる際に一緒に考えるといった形だ」

「ふんふん」

「他には、**数字にしてみる**のもいいだろう。例えば、人生が約80年だとして、君は今28歳だったか。もう35%を消費してしまっているんだ。スマホの電池残量で言うなら、65%あたりだ」

「割と減っていますね。充電したくなります」

人の求めに時間を簡単に使ってしまう2つの原因②

「2つ目は、**自分の時間の使い方がわかっていない**からだ。だから、誰かに使ってもらえたほうが助かるんだ。時間を持て余すと、やることがないという不安に襲われる。だから、時間を埋めるものを探す。仕事、友人、恋人などに時間を譲り渡せば、大切に使っているような錯覚を覚えることができる」

「友人や恋人との時間は、錯覚なんかではなく、大切なものではないでしょうか？」

「たしかに大切な時間だろう。かけがえのない時間でもあるだろう。ただし、条件がある。それは**自分で選んでいる場合に限る**。大切な人と共にいたいことと、一人でいることに耐えられないことでは事情が異なる」

「どういうことでしょうか？」

「孤独を感じて誰かと過ごすなら、目的は、その相手と過ごすことではなく、一人で過ごさないことが目的になっている。それでは、時間を大切に使っているのではなくて、使い道のない時間を埋めているに過ぎない」

「うーん、でも結果は同じじゃないですか？　一緒にいるわけですから」

「では、お金の例で考えてみよう。君はお金を持っている。だが、自分では使い道がわからないから、誰かを呼び出して、お金を渡してしまう。来る日も来る日も使い道がわからず、誰かに渡して、すべてのお金を使い切ってしまう。それは意味のある使い方だろうか」

「その使い方は違うと思いますね。まさに**散財**です」

「そう。どうみても散財だ。だが、君はお金であれば、散財と思うことも、時間となると、望んで行なっている。**その時間は、君のためになるからなのか、使い道がないからなのか。**それを考えて時間を使わなければならないんだ」

「忙しさ」が時間のムダ使いである理由

「そう言われると、自分の時間の使い方が気になってきました。僕も、もっと毎日を忙しくして頑張ったほうがいいですね」

「それではダメだ」

「えっ?」

「忙しくしてはダメなんだ」

「えっ、何でですか?」

「忙しくするのは、時間をムダにすることなんだよ」

「どういうことですか? 忙しいのは、自分のやりたいことをたくさんやっているからじゃないですか」

「たしかにたくさんのことをやっている。だが、忙しく時間に振り回されることが君の望む時間なのか?」

「望んではいないですが、たくさん詰め込めば、時間を効率良く使えるじゃないですか」

「望まないなら、やめたほうがいい。それは、効率が良いのではなく、**たくさんの『~しなければならない』という不安を1カ所に詰め込んでいるだけ**なんだ」

「不安を詰め込む……」

「不安を詰め込んで一気に解消すれば安心するだろう。だが、それは、元がたくさんの不安に根差していることを知らなければならない。

君は忙しくすることで、そのときは、不安を解消できるかもしれない。だが、そんな望んでもいない時間の使い方は長くは続かない。君が、その忙しい時間に力尽きたとき、再び不安に襲われる。その不安から解放されたければ、また元の忙しく振り回される時間に身を投じなければならない。果たして、それが君の望む時間であり、自分のための時間の使い方と言えるのだろうか？」

「**忙しくするのは、僕が不安だから**……なんですね」

「そう。人は、もっと良く生きたいという不安で、もっとせわしなく何かに忙殺されようとする。忙しさという人生の犠牲の上に、良い人生を築こうとする。それでは、大切な今の時間を浪費してしまう。**不安のために時間を使ってはいけない**。不安のために犠牲にした時間が生み出すのは良い人生ではなくて、終わらない不安なんだよ」

最高の時間の使い方

男は続ける。

「必要なのは、忙しく使うことではない。人に時間を明け渡すことでもない。**時間をすべて自分のものにする**ことだ。

時間を、すべて自分の自由に、自分の使うべきことに使うんだ。食事を腹いっぱいに詰め込むように時間を使うのではなく、**必要な栄養が取れる料理を、楽しみながら味わうかのように時間を使う**のがいい。

焦る必要はない。自分のために時間を使うこと、必要なものに時間を使うこと。それが、時間を大切に使うということなんだよ」

男の過去

「ふう……」

男はサウナの外のデッキチェアに座った。

男に合わせて、僕も隣の椅子に座った。

「先生と、ここで休憩をするのは久しぶりです。というか、ここは大丈夫なんですね」

「ああ、ここは動ける範囲だ。あの先には出られないが……」

と言って、サウナゾーンの外にある脱衣所への扉を指差した。

男は、寝そべって、ゆっくりと体を休めている。

そんな男をチラチラと見ながら、僕は男に声をかけるタイミングをはかった。

男に聞きたいことがある。

どうして死ぬことになってしまったのか？

……でも、聞けない。死ぬことになった理由なんて、聞いたことがない。いや、聞いたことがある人間なんて、この世にいない。死んだ人間と会ったことのある人なんていないんだから。僕は聞きたいことを言葉に出せないまま、どうしたらいいか迷っていた。

「……死ぬことになった理由か」

「えっ？」

「少し心を覗けると言ったろう」

そうだった。男にその力があることを忘れていた。

「どうして……、なんですか？」

「私は死を命じられた。皇帝に、な」

「皇帝⁉」

「ああ」

「皇帝なんて、いる時代なんですね……」

歴史の教科書や漫画でしか聞いたことがないような皇帝という言葉が、男の生きていた時代がいかにずっと前の時代であったかを、僕に再認識させた。

「当時、オレは皇帝の補佐をしていた。皇帝はとても有能な男だったんだ。だが、ある日を境に、皇帝は欲望に囚われた。専横は日に日に増していった。オレは抗議のために皇帝の元を去った。だが、皇帝はオレの抗議などまったく意に返さなかった。次第に皇帝は暴君と化していった」

「暴君……」

「そんな暴君に立ち向かうため、有志が集まり、皇帝の暗殺を企図した。だが、露見して、全員が処罰されることになった」

「そんなことが……。先生も有志だったんですか?」

「オレは違った。だが、オレも疑われた。疑わしい者はすべて取り除く。もうそこまで皇帝の心は不安に囚われていた。そして、死を命じられた」

「死を……」

「オレは死を実行する日、整然と死を迎え入れることにした。**人間の意志は、欲望も痛みも、死の恐怖だって乗り越えられる。**皇帝にも、欲望も不安も乗り越えてほしかった。それは、オレの皇帝への最後の説得だった。……それから先は前に話したとおりだ。オレはこの場所で力尽きた」

「そんなことで……。……ひどい。……ひどい皇帝だったんですね」

「……ひどい皇帝か。そうだな……。ひどい皇帝だったのだろう」

そう言って、男は遠くを見るように目をやった。

「だが、オレは、それ以上にひどい男だ……」

男がふいに言ったその言葉に、僕は驚いて男の顔を見た。男は僕の視線を受け流すように言った。

「……さあ、余談は終わりだ。今日はもう遅い。終わりにしよう」

第13章

「怒り」は、危険な欲望である

男が死にきれない理由

「なあ、暴君って知ってる？」

突然の僕の質問に、友人はジョッキでビールを飲みながら答えた。

「ポイズン？　そりゃ知ってるよ。言いたいことも言えないよな」

「ポイズンじゃなくて、ボウクン！　全然違うだろ？」

「ボウクンって何？」

やはり、この友人に聞いたのが間違っていた。

「暴君だよ、人を殺したり、自分勝手なことばっかりする横暴な君主のこと」

「あー、暴君ね。音だけじゃわかんねーよ」

「暴君……知ってるんだな」

「そのくらい知ってるよ。今はそんな怖い時代じゃなくて良かったよなー。下手なこと言ったら殺されちゃうんだろ。そんなの嫌だよな」

男が生きた時代を思いやった。

「そうだな、怖い時代だよな……」

友人は、ジョッキを置いて、僕のほうを得意気に見た。

「で、暴君がどうしたの？　オレ、割と歴史詳しいよ。世界史とか得意なほうだったから」

「そうなの？　じゃあさ、2000年前くらいの暴君って誰か知ってる？」

「昔は、暴君ってたくさんいたみたいだからなあ。誰かって言われると難しいけど……。一番有名なのはあれだよな。暴君ネロ」

「ネロ⁉」

「そう、ネロ」

「ネロが暴君って……。何したの……」

「なんか、街を焼いたり、大勢の人も殺して、母親まで殺しちゃったり、自分のためにでっかい宮殿つくって贅沢したり、やりたい放題の人だったみたいよ」

「そうなんだ……、ネロが……」

先生が、時々うれしそうに話す生徒の名前がネロ。そして、その時代の皇帝の名前もネロ。偶然の一致なのか、それとも……。

でも、もしそうなら、先生はかわいがっていた生徒に殺されたことになる。そんなことって……。

「ひどい話だよなあ。多くの人の命が、たった一人の人間の気分ひとつでどうにでもなってしまうんだから」

「ホント、そうだな……」

「そんな暴君のいる、そんな世の中はさあ……、ポイズンだよなあ」

「だから、ポイズンはもういいいんだって」

もし、男が自分の生徒であったネロに殺されたとするなら、死ねない理由はこれなのかもしれない。

幽霊とは、現世に恨みや未練があるから現れるもの。いくらあの男だって、自分のかわいがっていた生徒からの恩知らずな行動に対して安らかに死ねるわけもない。

現に、話を聞いただけの僕でさえ、その所業に腹が立っている。

だけど、そんな横暴な男を、先生はなぜかわいがっていたのだろうか。

怒りが起こる2つの理由

「今回は、感情の中でも、とりわけ危険な感情、怒りについて話していこう」

「はい、お願いします」

「まずは、怒りが生じるのはどんなときなのか？　君はどんなときに怒りを感じる？」

「そうですね……。急いでいるのに、なかなか進まないお店の列とか腹が立ちますね。なんで今日に限ってこんな時間かかるんだって」

「なるほど。それはイライラしそうだな。他には？」

「他には……。やる気のない店員とか少し腹が立ちます。呼んでも、呼んでも全然注文を取りに来てくれなかったり。あとは、友達に約束の時間をすっぽかされたりとか、恋人の浮気とか……。子供の頃は、親が自分の要望に全然応えてくれないときに腹が立っていましたが、今は親が歳をとったせいか、しっかりしていない親の対応に腹が立ったりしますね。細かいことだと、家のお湯が出ないとか、スマホの反応が悪いとか……」

「人生とは、怒りを感じるときがたくさんあるものだな」

「そうですね。そんなつもりはなかったですが、考えてみれば怒ってばっかりかもしれません」

「さて、これらの怒りが起きる理由、それが何だかわかるかい？」

「それは、前に教えていただいた『期待と現実の差』によって起きるということですよね？」

「そのとおりだ」

「やった！　珍しく正解しました」

喜ぶ僕を見て、男はふっと笑った。

「だが、今日はもう一歩進んで、その理由を2つに分解してみようと思う」

「2つに分解……」

「怒りが起きる原因は2つ。**1つは、自分が不正を受けたとき。**つまり、自分に対して、正しくない行為が行なわれたとき、人は怒りを感じる」

「なるほど」

「そして、**もう1つは、不当に受けたとき**」

「不当……ですか？」

「**不当なこととは、自分が想定しておらず、自分が受けるべきではないと思っていることだ**。思ってもみなかったことを、**我々は受けるべきこととはみなさない**」

「思ってもみないこと……？」

「例えば、友人が、君の秘密を他の人に話すこと。友人は、誰にも言わないという前提がある。だから、バラされるのは思ってもいないことであり、不当な行為ということになり、怒りに変わる」

「なるほど。たしかに、**想定外だから腹が立つ**ということになりそうです」

「不正や不当な行為を受けたとき、**人は日常を脅かされて不安になる。その不安が怒りへと転化する**。そして、自分に不安を与えたその行為を、相手の罪であり、罰せられる行為だと理解する。だから、**それに怒ることは、正当であり、正義の行為**であると考える」

「そんなふうに怒りについて考えたことはなかったですが、たしかに自分に不安を与えたことを責めるのが怒りかもしれません」

「今、君が納得したように、**人は無意識に、怒りとは自分を不安に陥れた罪への裁定**

だと思っている。

だが、その理解が、人を危険に陥れる。怒りの最も危険なところは、まさにそこだ」

「最も危険なところ……」

「怒りとは、罪を犯した人を罰する正義の行為ではない。**『自分に苦痛を与えた相手に復讐をしたい』という欲望**である。人は怒りに正義の名を冠して、自分の欲望を叶えている」

相手の行為を正すには？

怒りとは欲望――。

僕たちは、人が悪いことをしたときに、怒るのは当たり前だと思っている。そのようなものは正されるべきである、と。もしそれが、自分のための欲望だとしたら、それは正しい行為ではなくなる。だけど……。

「でも、悪い行為を矯正することは良いことではないでしょうか？　その行為を、そのまま受け止めていたら、悪い行為を放置して、認めることになりませんか？」

「君にとっては悪い行為であるだろう。だが、それは万人に通用するものなのか？

まず、その判定が必要だ」

男は続ける。

「そして、その行為を正す、万人に通用する公共性が保証されたとしても、怒りという感情を伴走させる必要はない。**行為を正すのに、感情は必要がない**のだから。子供に諭すように、仕事を受け継ぐように、道案内をするように、平穏な心で行なうだけでいい」

たしかに、正しい行為を行なうのに、怒っている必要はない。でも、声を荒げたほうが、効き目があることもある。

「だけど、怒らないと伝わらないこともあるじゃないですか？　怒ったほうが、事の重要性を理解してもらえることは多いと思います」

「そうであれば、**怒りを演じればいい。本当に怒る必要はない**」

「怒り」が持つ、4つの危険性

「そうですけど……。そこまでするなら、怒ってもいいんじゃないでしょうか？　元々悪いことをしたのは相手なんですから。そこまで気を使わなくても」

「**怒りに正当性を与えてはいけない。**それは、君にとっても危険な行為なんだ」

「僕にとっても危険ですか？」

「**怒りの危険性**について話してみよう。4つの危険が存在する。

1つ目。怒りは、**自分の財産を破壊する。**怒りは、自分の支配権を奪うだけでなく破壊の衝動を持ち合わせており、一度支配権を奪ったなら、本来であればやるはずもないことをやってしまう。人を攻撃したり、物を壊したり、すべてを放り出してしまったり。自らが積み上げてきたもの、特に君の信用を破壊する」

「2つ目。**怒りは大切な人すら傷つける。**怒りが求めているものは、相手の矯正ではない。復讐であり、相手を傷つけることなんだ。人は、怒りが復讐であることも意識しないまま、正義の名のもとに、どんな相手をも傷つける」

「3つ目。**怒りは真実に蓋をする。**一度怒りに囚われてしまえば、怒りは正しさのためではなく、怒りのエネルギーを振るう先を探し始める。怒りそのものを正しくするために、真実そのものにすら怒りを感じるようになる」

「4つ目、**怒りは自分を不公平な人間にする。**怒りは罪を犯した者を公平に罰することを求めない。罪の量ではなく、君の怒りの量に左右される。同じ罪であっても、新鮮な怒りには大きな罰を欲し、時を経た怒りには罰を欲しない。小さなことに君が大きな怒りを持つのなら、原因となった相手の過ち以上の過ちを犯すことになる」

男は続ける。

「このように、怒りとは、非常に理不尽な行動であるにもかかわらず、怒りに囚われた人間は、これを当然の権利として考えてしまう。そのズレによってもたらされるものは利益ではない。**怒りの原因となった出来事よりも怒りそのもののほうが、我々に多くのものを失わせて、傷つけてしまうんだ**」

怒って困るのは自分自身。怒っているときは正しいと思ってやっているのだけど、後で考えると、何をそんなに怒っていたのかと思うことはある。**怒りの暴風が吹き荒れた後に残っているのは、他人の冷たい目線と後悔の念。**もちろん、その後にはごめんなさいと謝るのだけど、謝ったところで自分のやったことが消えるわけではない。相手の罪の上に自分の罪をかぶせて相殺というわけにはいかないし、そもそも思っていたはずの「正したい」という当初の思いとの乖離《かいり》は激しい。

怒りに対抗する3つの砦

「怒りの危険性がわかったところで、今度は、**怒りへの対処法**を考えていこう。怒りに対抗するために3つの砦を設けること」

「3つの砦?」

「そう。**怒りは君の心を揺さぶろうと激しい攻撃を加えてくる。**激しく平常心を攻撃してくるが、それに負けてはならない」

「砦とは、どんなものでしょうか」

「**最初の砦は、怒りの消火作業**だ。怒りを感じた最初の瞬間に直ちに水をかけることだ。まだ怒りの火が燃え広がらないうちに鎮火して、怒りに陥らないように努めなければならない」

「なるほど。でも、僕は簡単に突破されてしまいそうです」

「そのときは、次の砦が控えている。**次の砦は、怒りの原因を疑う**ことだ。人は不安になると、それとつながる結論を呼び込みやすく、誤解をすることが多い。そうあってほしくないことは、あってほしくないことが起きるイメージをむしろ強くする。疑心暗鬼になりやすいんだ。君の友人がこんな悪口を言っていた。君の同僚が君を陥れる行為をしていた。そのような君を不安にさせる言葉や行為を簡単に信じてしまう。だが、悪意をもって君と接する者はほぼいない。だから**安易に、自分の不安と他人の悪意を結び付けてはならない**」

「そうですね……。ですが、経験上、僕は人から言われたことは簡単に信じてしまいがちです」

「仕方ない。そのときは、**最後の砦で食い止める。それは、遅延**だ。それがどんなに事実のように見えても、いつでも時間を与えるべきだ。当初に感じる激しい感情の突風を受け流し、しばらく風がやむのを待つべきなんだ。**1日置けば、本当の真理を明らかにしてくれる。**罰は延期されても科すことができるが、執行後には取り消すことができない」

怒ったときは遅延。**怒りが冷めるのを待ってから行動する**。それならできるかもしれない。

怒ったときは、すぐにその怒りをもたらした場所から撤退するのだ。怒りを感じたら、被害者の顔をするのではなく、むしろ**悪人の顔をして、「おぼえときやがれ！」と叫んで、その場を去る**のがいいかもしれない。もちろん口に出してはいけない。心の中で叫ばないと、おかしな奴だと思われるという違う危険がついてくる。

怒りで人生を消耗するなんて、もったいない

「以上が、怒りに対処する方法だ」

「なるほどです。僕の砦はあまり頑丈ではなさそうですが、頑張ります」

「やってみるといい。だが、そんな砦に拠らずとも、そもそも**怒りには妥当性がないんだ**」

「妥当性？・」

「人が過ちを犯したという理由で害されるなら、すべての人は害されなければならない。**過ちを犯さない人間なんていない**のだから。そんな殺伐とした世界を自分からつくることが、我々のためになるだろうか。それでは、皆が皆に怒っているという醜く危険な社会になってしまう」

皆が皆に怒る社会。その社会はＳＮＳ上にすでに誕生してしまっている。そして、それは、仮に皆の怒りが妥当だとしても、悲しむべき結果のように思う。

「怒りとは復讐。そして**復讐とは、受けた苦痛の告白**なんだ。自分がどれだけ痛みを感じたか、どれだけ悲しみを背負ったかの告白なんだよ。その悲しみの告白のために、どれだけの悲劇をつくるのか。どれだけ膨大な時間がかけるのか。どれだけ苦痛の中に身を置くのか。**我々は皆、傷つけられている時間より長く怒っているんだ**」

男は続ける。

「**大切な人生を、怒りの中で過ごすよりも、喜びで過ごす人生に努力を振り向ける**ほうがどれほど良いだろうか。

人生は限られている。**怒りに束の間の人生を消耗し、自らの苦痛を癒すために他人の苦痛を求めて何が楽しいのか。**君の時間には損失の余地はない。ムダにできる時間はもうないんだ。もう怒りという毒に冒されて苦しみ続けるのはやめよう。解毒剤はそこにある。君自身が持っているのだから」

僕たちの人生は不安でいっぱいで、喜びに包まれるようなことはない。だから、日常の不安と、不安を与えるものへの怒りとの間を行き来するという人生を過ごしている。

だけど、**不安は自分でコントロールできるもの**だ。日常の不安を抑え、怒りではなく、喜びに身を任せる。**不安のない日常と喜びの間を行き来する。**そんな人生は自らつくり上げることができる。世の中や他人を恨んでも仕方がない。どれだけ世の中が過酷であろうが、**笑顔で過ごせる人生は自分でつくることができる**のだ。

教え子ネロと男の過去

……怒りに飲み込まれない。それはとても必要なことだが、気になることがある。命を脅かすほどの痛み。それは人間にとって究極の痛みであろう。それほどの痛みを与えた者へも怒りを避けることはできるのだろうか。

それが、自分がかわいがっていた人から受けた痛みであればなおさら……。

「……先生は怒ってないんですか？」

「何に対してだ」

「先生が死ねないのは、怒りがあるんじゃないんですか？」

「どういう意味だ？」

「だって、**先生を殺したのは、先生が教えていたネロ**なんですよね？」

男は少し驚いた顔をしたが、すぐに落ち着きを取り戻して言った。

「……そうだ」

「教え子が、暴君になって、たくさん人を殺して、そして先生まで。僕と同じように先生からいろんなこと教えてもらったんですよね？　なのに、何でそんなひどいことを……」

「………………」

「先生は無実だったんですよね。それなのに……。そんなこと許せないですよ！」

男は僕の言葉をじっと聞いていたが、やがて口を開いた。

「いや、許されないのはオレのほうだ」

「どうしてですか？」

「オレがネロを裏切ったんだ」

男は遠くを見た。２０００年ものはるか昔を思い出すように。そして当時の記憶を語り始めた。

＊

ネロは幼い頃、父親を失い、母親と子、二人だけで生きていた。当時、父親なしの母子で生活するということは本当に大変なことだった。しかし、母親は、悲しみの中で人生をあきらめるような女ではなかった。ちょうど妻を失った皇帝に狙いを定め、その妻となり宮廷に入ったのだ。

誰も頼れない宮廷の中で、母親は戦った。息子を守るため、生活を守るため、命を守るために戦い抜いた。母親の死に物狂いの努力は、息子だったネロが次期皇帝候補に選ばれるというまでに至った。

オレはそのときに母親に呼ばれ、ネロの家庭教師となることを任じられた。

初めてネロと出会ったとき、ネロはオレにこう言った。

「先生、幸せとは何でしょうか？」

「なぜ、それを知りたい？」

「僕はいつか皇帝になりたいんです。それには、人の幸せとは何なのかを知らなければいけません。幸せを知らずに、人民を導くことはできません」

希望に燃えた青年だった。聡明で、人の言葉をよく聞き、理解する、そして快闊《かいかつ》な、人懐っこい笑顔が印象的な青年だった。

オレは、彼に哲学を教えた。オレの持つすべてを教えた。

時が経ち、先帝が不慮の死を遂げたことで、ネロが後を継ぎ、皇帝になった。まだ弱冠16歳の皇帝だった。

「先生。僕は、この国への信頼を取り戻したいんです。これまでの政治は人民の心を荒廃させました。人心を回復し、誰もが不安なく生きることができる幸せを得られる国をつくりたいのです。先生の教えのように。だから、それには先生の力が必要です」

オレは、「この皇帝なら、この国を救うことができる」と確信していた。荒れ果てたこの国の人々の心を救うことができる、と。オレは彼を全力で支えた。

彼は若くして、さまざまな改革を行なった。税制改革、都市開発、領土拡大。急速な改革だったが、成功を収め、人民から支持を集めた。そしてネロは彼にとっての総決算とも言える事業にとりかかった。

「ドムス・アウレア……？」

「そうです。この街自体をつくり変えるのです。人々が、安心して生活を楽しむことができるような場所にしたいと思っています。人々が交流し、心を通わせ、自然を楽しみ、楽器を奏で、生きていることを喜べるような場所を。市民の心が黄金のように輝く住処、『ドムス・アウレア』をつくりたいのです」

「壮大な計画だな」

「先生にも、もっと働いてもらうことになります」

「しばらく休みはなさそうだ」

「すいません……。なので、これをプレゼントします」

ネロは砂時計を差し出した。

「これは？　砂時計か」

「そうです」

「砂時計とは、死の象徴……。つまりは……」

「そうです。死ぬまで働いてください」

「……。そうか……、人民のため力を尽くそう」

「嘘ですよ」

ネロはクスッと笑った。

「相変わらず、先生は真面目ですね。そんなつもりはないですよ」

「では、どんなつもりなんだ」

「なんでしょうねー。でも、砂時計は先生が持っていてください。これ、皇帝の命令ですからね。なくさないでくださいよ」

ネロは人懐っこい顔で笑った。


ネロの政治は順調そのものだった。

まっすぐな心で物事と向き合い、分け隔てなく人と接し、人の才能を愛した。皇帝でありながら、人々に親しまれる。尊敬できる皇帝であり、自慢の弟子だった。

だが、人の才能を見る力。それが、若い彼を苦しませることになった。

「先生。僕にも、心を通わせる相手ができたのです」

ネロは、一人の女性に恋をした。とても美しく聡明な女性だった。すばらしい女性だったが、元奴隷の女だった。

そこに母親が反対した。母親にとっては、命がけで得た息子の皇帝の地位を傷つけるようなものを許せなかったのだ。

「あなたは皇帝なのです。人民に尊敬される高貴な存在でなくてはならない。賤《いや》しい者を近づけてはならない」

叱責する母親に、ネロは反発した。

「たった一人の女性を幸せにすることもできない男が、多くの人民を幸せにする皇帝になれるのでしょうか？」

母親は言った。

「私は、自分の幸せを犠牲にして、あなたを守りました。今あなたが皇帝でいられるのは、私の犠牲の上に成り立っています。あなたも、人民が大切だと言うなら、自分を犠牲にして守ったらどうです？」

初めての母親との対立だった。ネロは迷っていた。

「先生、僕はどうすればいいのでしょうか?」

「どちらも大切な人なんだろう。私がお母上に説明してみよう」

「ありがとうございます!」

私は母親の説得を試みた。

だが、母親の反応は、私の想像とは、はるかに離れたものだった。

「ネロのことを思うなら、あなたが異物を取り除いてください。それがネロのため、人民のためでしょう。人民はネロを敬愛している。そのネロが賤しい者と結ばれることなど、人民が望むと思っているのですか? 私が築き上げたものを、このようなつまらない話で失うことなど許さない」

オレは、この母親との話をネロに話すことができなかった。話ができないまま、時が過ぎてしまった。

そして、事件は起きた。

母親がネロの恋人を殺したのだ。

ネロはそれを知り、激昂した
「なぜ、こんなことをしたのです」

「犠牲なくして国は守れないのです」

「あなたが犠牲にしたのはこの私だ。あなたが守ってきたこの私の心だ」


ネロは母親の元を去った。

「何が皇帝だ？　大切な人一人の命も救えない皇帝に何の意味がある。僕は力の使い方を間違えていた。そうだ。自分のために、自分のために、この強大な力を使っておけば良かったんだ。そうしたら、愛した人が死ぬ必要はなかった。僕もこんな悲しみを感じる必要はなかったんだ」

「それでは自分自身を傷つける。感情を制御するんだ。欲望に飲み込まれてはいけない」

「自分を傷つける？　これ以上傷つくことなどどこにあるんです？」

「…………」

「先生、僕に言葉をください。僕を不安から救ってください。僕はどうすれば彼女を救うことができたんですか？」

オレは、彼にかける言葉がわからなかった。

何も言えないオレを見て、ネロは、その場を去った。

その後、母親は死んだ。原因は不明だった。

母親と恋人を失ったネロは変わった。自分のためにだけ行動するようになった。

皇帝の力を誇示するように、欲しいものは何でも手に入れた。気に入らない者は殺した。

ドムス・アウレアの計画も修正された。人民のためではなく、自分のための大宮殿の計画に。

もはや、ネロは人民のための皇帝ではなく、我欲を満たすための皇帝に成り下がっていた。

そして、ネロを国家の敵としたクーデターが起きた。誰よりも人民の幸せを考えていたはずのネロは、その人民から敵と指定された。そして、最期は追い詰められて自死した。

＊

「オレがネロから大切な人を奪った。

もしオレが恋人の殺害計画のことをネロに話していれば……。

ネロに救われる術を教えることができていれば……。

ネロは変わらずに済んだかもしれない。

最高の皇帝に……、最高の治世になったかもしれなかったのに。

哀れな最期を迎えることもなかったかもしれない。

オレのせいなのだ。

だから、**オレがネロに怒りを感じるわけがない。恨まれるべきはオレのほうだ**」

そう言うと、男は立ち上がり、壁の砂時計に近づいた。

「この砂時計だけが、あのときから変わらない。ネロから贈られたこの翼の生えた砂時計だけが」

男は続ける。

「ネロはオレを恨んでいるのだろう。だから、この砂時計は何度でもオレに死を与える。だが、**オレも何度でも贖罪《しょくざい》を続ける。ここで幸せについて語り続ける。**それがネロを救えなかったオレにできることだ」

第14章

僕たちは「自由」をすでに手に入れている

「砂時計」の意味は、誰が決めた？

男から聞いた話……。

暴君ネロ……。**心を壊されたことで欲望に囚われてしまったかわいそうな人。**

大きなものを失い、あまりに巨大なものを持ちすぎてしまったことが生み出した悲劇。

そして男も……。砂時計の呪いにかけられて、サウナの中で生き続ける。そんな男の運命……。おかげで男と出会えたことに、僕は感謝するが、男の立場ではツライだろう。

僕は無力すぎて、歴史が起こした悲劇を悲しむことしかできない。

そんなことを思いながら、今日もサウナに向かう。

「らっしゃっせー」

いつものように、店員が僕に声をかける。

受付を済ませて、通り過ぎようとしたとき、僕は1つのことが思い浮かんだ。

「あ、あの砂時計っていつからあるんですか？」

「ああ、開店当初からありますねー」

「そうなんですか……」

「もしかしてお兄さん、あの砂時計、気に入っちゃいました？　でも、ダメですよー。あの砂時計はあげられないです。うちのシンボルっすから」

「いやいや……、そんなんじゃないんです……」

噛み合わない店員の言葉を否定しながら、僕は思ったことを聞いた。

「やっぱり砂時計って、死の象徴なんですかね……」

「うーん、昔はそういう考えも多かったみたいですよね。お墓にシンボルとして刻まれてたりもしたみたいっすから」

「やっぱりそうなんですね……」

僕は男のことを考えて、少し暗い気持ちになった。店員は、そんな僕を不思議そうに見た。そして、明るい声で言った。

「でも、僕なら、そんなふうに考えたくないっすね」

「えっ？」

「だって、辛気臭いじゃないですか。砂時計って、神秘的っていうか、ロマンを感じるし。せっかくのロマンなら、もっといい意味に考えたほうが楽しくないっすか？

誰かが言ってることなんて、関係ないっすよ」

人の言葉に依存するのではなくて、自ら喜びをつくり出す人生。それは男から学んだことだった。

「たしかに……、そうかもしれないですね」

「そうそう。**砂時計の意味なんて、自分で決めちゃえばいいんすよ。**何が事実なんてわからないんすから。言ったもん勝ちっすよ」

そう言って、店員はケラケラ笑った。僕は男の明るい言葉に少し心が救われた。

「そうですよね……、ありがとうございます！」

僕は店員に笑顔で答えた。

「笑ってくれてよかったっす。今日もサウナ、楽しんでくださいね！」

店員に見送られながら、サウナへと入った。

これまでの男の教え、総ざらい

「来たな、青年」

僕は砂時計を見た。砂時計の砂は今にもなくなりそうだ。

「さあ、もう残りの時間は少ない。今日は、総まとめだ。**君が目指すべきもの**について話していこう」

「はい。お願いします」

「最初に、君に教えたことは、『人生に夢なんて必要ない』ということだった。覚えているかい？」

「そりゃあ覚えていますよ。びっくりしたんですから。それからびっくりさせられっぱなしですけどね」

「その後に話したのは、夢の危険性、夢とは何物なのか？」

「夢が必要ないどころか、危険だなんて思いもしなかったです」

「夢とは、未来への希望ではなく、現在の不安。だから、解決方法は未来に夢を実現することではなく、今の不安をどのように取り除くかということ」

「しっかり覚えています」

「そのためには、『自分のコントロールできないもの』と『コントロールできるもの』に分けることだ。コントロールできるものに自分の力を集中して、コントロールできないものは無視する。夢とは君にとってコントロールできないものだ。だから、無視する。そしてコントロールできるもの。自分の心と今を使う力、つまり、自分の心をどう制御して、どう行動をするのか。それに集中する」

「はい」

「最終目標は死だ。そこに向かって進む」

「はい」

「人の行く道についていかない。正しさを自分で決めること」

「はい」

「すべての時間は自分のために使うこと」

「はい」

「すべては自分の反応で決まる。不正との向き合い方、試練との向き合い方、怒りとの向き合い方。すべて君の見方次第でどうにでも見方は変わる」

「はい」

「これまで、オレは君にそんなことを教えてきた」

「はい。すべて覚えています。夢が叶わなくて人生が息苦しいと思っていたのに、サウナなんて熱くて息苦しい場所で、こんな息苦しいことばかり教えてもらってたなんて、僕も物好きです」

人間とは見たいものしか見ない

「それで、君はもっと息苦しくなったのかい」

「いえ、ホッとしました。安心しました。僕は見たくないものを見ないことで苦しんでいたんだなあと」

「人間とは見たいものしか見ない。これは、ローマ帝国の基礎をつくったユリウス・カエサルの言葉だ。はるか昔から**人は見たいものしか見なかった。今はそれが夢という言葉で表現されている。**

だが、**現実は見たいものを見ていてもうまくはいかない**。お金も、恋人も、友人も、両親も、生活も、仕事も、名誉も、あらゆるものがうまくいかない。見たくない現実しかない。だから、人生は不安でいっぱいだ」

男は続ける。

「だが、その不安は、君のせいではない。不愉快な現実を見ないようにするのではなく、不愉快な現実を認めよう。できないことに不安になるのではなく、できないものはできないと決めてしまうんだ。

自分を許し、認め、そして戦え。どれだけ世界が君に夢を押し付けようと、突っぱねてしまえばいい。**夢に自分の支配権を奪われてはいけない**。不安のない未来に逃げるのではなく、**現在の場所で不安に打ち勝つんだ**」

「そうですね。コントロールできないものは無視して、コントロールできるものに集中すること。先生の教えはもう自分の中に入っています」

幸せに至る唯一の道に必要な「心の自由」とは？

「そう。人生のコントロール。それが大切だ。人は人生をコントロールできるということを、夢が叶うことと同一視しがちだ。だが、そうではない。**コントロールできるとは、つまり、《自由》ということだ**」

「《自由》……」

「人間は、長い時間をかけて、かつて自由ではなかったものを獲得してきた。医療という、痛みからの自由。飛行機や鉄道・車という、移動の自由、むやみに拘束されることのない、身体の自由、どのような考え方も許容される、思想・表現の自由、先人の努力によって、さまざまな自由が獲得されてきた。

自由の拡張は、人間が誇るべき歴史だろう。

だが、**人間が長い時間をかけてもたどり着けない自由**がある。それは、**《心の自由》**だ」

「《心の自由》……」

「お金から自由になろう。

人間関係から自由になろう。

豊かな生活から自由になろう。

感情から自由になろう。

命から自由になろう。

不安から自由になろう。

夢から自由になろう。

すべての自由は、心の自由があってこそだ。それがなければ、すべての自由は縛られているんだから」

「すべてから自由になる……」

「君の歩く道は、でこぼこ道かもしれない、きれいに舗装された道かもしれない。

君の行く先は、荒野かもしれない。楽園かもしれない。

だが、そんなことは関係がない。

どこに行くのも、どう思うのも自由なのだから。

世界を操る技術とは、己の心を操る技術なのだ。

君が自由なら、世界は君のものだ。君がつくる世界なのだから。世界を自分のものにしよう。

それこそが幸せに至る唯一の道なんだ」

自分の心も、幸せの見方も、自由に操れる

自由——。

僕は自由とは「何でもできること」だと思っていた。自由にお金を使える。自由にどこにでも旅行ができる。人の心を、社会を、自由に操る影響力を持つ。それが自由であり、夢であると思っていた。

夢とは、自由を手に入れること。それは間違いがない。だけど、自由とは、すべてのものを操る自由を手に入れることではなく、**自分の心を、すべての見方を、《幸せの見方》を自由に操ること**なんだ。

僕は自由だ。

お金も、豊かな生活も、名誉も、人生が自由になるものは何も持ってはいない。

だけど、僕は自由だ。**自分の心も行動も、持つべきものはすべてしっかりと自分の手にある**のだから。

生きるとは自由であること、それが、僕が男に教えてもらったことだ。

2000年を超えてわかった、男の新たな気づき

だからこそ……、だからこそ……、僕にはやらなければならないことがある。

「先生も……、先生も自由になってください」

「……私は死んだ男だ。だから、自由などはない。オレはここで死を繰り返す運命だ」

「先生は死んではいません。何度だって生きてるんです」

「……それは同じことではないのか？」

「違います。だって、先生は言ったじゃないですか。生きるのに必要なのは『心』と『行動』だって。先生は心を持っている。そして、先生はやるべきことをやっているじゃないですか。それって、生きているってことじゃないですか」

「…………」

「それに……、**ネロさんは、あなたのことを恨んでなどいない**」

「……今も死が迫っている。このネロがくれた砂時計は、私がまた死ぬことを望んでいる」

「違います！　それは**先生が自分で自分を呪っているだけ**です」

「!?」

「砂時計の意味は、死じゃありません。その意味は、**砂時計に込めた思い次第**です。ネロさんが、先生の死を願うわけがない。生き方を示してくれた先生にそんなことはしない」

僕は願うように言った。

「だから、**先生も自由なんです**。自由になってください。後悔の中で生きてはダメです。先生が僕に教えてくれたように、自分のために生きてください」

男は、僕の言うことをじっと聞いていた。

そして、言った。

「私も……、生きているのだろうか？」

「生きています。僕には先生が見えています。聞こえています。先生の言葉も」

「そうか」

男は少し考えてから、ゆっくりと口を開いた。

「君の言うとおりかもしれないな。**オレは自分自身が許せなかった。死を言い訳に、そのことを許容してきたのかもしれない。**君にそうあってはならないと教えておきながら……。一番、教えを実行できていなかったのは、オレ自身かもしれないな」

そして、つぶやくように言った。

「いや、むしろ**君に言っていたすべての言葉は、自分自身に向けていた**のかもしれない」

男は自分の心を確かめるように手を胸に置いた。しばらくして、僕のほうを向いた。

「気付けたのは、君のおかげだ。オレが、いつまでこの場所にいるのかはわからない。

いつかオレも本当に旅立つときが来るのかもしれない。だが、それまでは、ここでやるべきことをやろう。死者としてではなく、ここに生きる生者としてな」

「ぜひそうしてください」

「最後に君に教えられた。もう私が君に教えることは、何もないのかもしれないな」

そう言うと、男は少しうれしそうな顔をした。

そんな男の顔を見て、僕はうれしくなった。

第15章

「別れの悲しみ」との向き合い方

最終講義のテーマ

今日が最後になるだろう。

砂時計は、いつすべての砂が流れ落ちてもおかしくない状況だったが、きっと最後だ。

そんな予感を胸に、僕はサウナに向かった。

「らっしゃっせー」

店員の声が聞こえる。

この気の抜けたような声を聞くのも、もう今日で最後になるのかと思うと、愛おしくもなる。


脱衣所で服を脱ぎ、サウナに入る。

誰もいない……。

サウナに腰を下ろし、あたりを見渡す。

中には、木製の長椅子、時計、温度計、薄暗い照明、そして古びた砂時計。それだけの空間。サウナの景色は何も変わらない。

僕は立ち上がって、砂時計に近づいた。

もう砂は残っていない。最後であろう流れ落ちる砂がキラキラと輝いている。

まもなく、この砂時計の砂は尽きる。

やっぱり今日が最後だ。

僕はひとつ、ため息をついた。

「青年、待たせたな」

急に隣の席に男が現れた。

急に現れても、もう僕が驚くことはない。

「先生、待ってました」

男はうなずいた。

「今日で、最後だな……」

「はい……今日でお別れです」

「最後の授業を始めよう」

「はい、お願いします」

「別れとは、悲しいものだろうか」

考える必要もない。僕は、今まさにその状況にあるのだから。

「悲しいに決まっているじゃないですか？」

男は黙って聞いている。

「ずっと、このサウナに通ってきたんですよ。このサウナも、先生の言葉も。最初は熱かったし、息苦しかったけど、だんだん慣れてきました。ここでいろんなことを教えてもらいました。それなのにこの場所も、先生も消えてしまうなんて、悲しくないわけないじゃないですか」

僕は男のほうを見た。

「先生は悲しくはないんですか？」

男は少し沈黙した。そして言った。

「悲しいな」

そして男は言った。

「だが、悲観してはいない。**別れの悲しみとは、すばらしいもの**なのだから」

別れとは、感謝をすべき時間

別れを喜ぶような男の言葉に、僕は少しムッとした。

「すばらしい？　どこがです？　別れるのがそんなにうれしいことなんですか？」

「なぜ別れの悲しみがすばらしいのか？　それは**その悲しみが、それだけすばらしい時間を過ごしてきたから起きるもの**だからだ。共に過ごした時間がかけがえのない時間であったからこそ、別れは悲しいものになる」

男は続ける。

「その悲しみは、君が過ごしたすばらしい時間の証だ。すべての者にいつか必ず別れは訪れる。どんなものにだって。誰にだって。だから、別れるときは、**失う悲しみに思うのではなく、共に過ごした喜びに思いを馳せるべき**なんだ」

「共に過ごした喜び……？」

男はうなずいた。

「別れとは、**悲しみの時間ではなく、感謝をすべき時間**なのだ。これまで共に過ごしたすべての時間に」

そう言うと、男は僕のほうを見た。

「これからも、君にはたくさんの別れが訪れるだろう。友人との別れ、恋人との別れ、仕事との別れ、ペットとの別れ、家族との別れ、いろいろな大切なものとの別れが訪れるだろう。だが、思い出してほしい。**その悲しみは、君がすばらしいときを過ごしてきたからだ、**と」

男は続ける。

「人には必ず別れが訪れる。だから、我々は、共に過ごすそのとき、いつも別れを意識しなければならない。我々がやるべきことは、別れの不安に目をつむって過ごすことではなく、**別れに向かって精一杯共に過ごす**ことだ。

そして、別れを迎えたなら、その時間を大いに悲しみながら、そのときまでに過ごした時間を大いに慈しむことだ」

完璧にできなくていい、できなかったら、コレをやればいい

男は僕の肩に手を置いた。

「君が、オレとの出会いを良きものだと思ってくれるなら、悲しんでほしい。そして笑ってほしいんだ。共に過ごした時間のために」

現実を見る。それが僕たちを正しく導いてくれる。別れだってそうなのだ、と。ずっと教えてきてもらったことだ。

「先生はいつもそうですね。最後まで嫌なことしか言わない。別れも悲しみも嫌ですよ」

そう言いながら、僕は笑ってみせた。

「君も最後まで不平しか言わないな」

そう言いながら、男もふっと笑った。

「先生が教えてくれることはいつも嫌なことばっかりでした。見たくない現実と向き合えって。見たくないはずだったのに、それなのに、そのほうが僕の人生を変えてく

れるようなことばかりでした」

「君はもう**幸せの見方を手に入れた。多くの視点を手に入れた。たったそれだけで人生は変わる。**君はもう何をすべきかわかっている。もう夢に惑わされる必要がないことも知っているんだ。あとは……、君次第だ」

「そうですね……。でも、僕は先生の教えてもらったことをちゃんと実践できるでしょうか？　僕はそんなに強くなれるのか、……心配です」

「**完全に実践できなくてもいい**んだ。人間は完璧じゃない。強くもない。でもだからこそ、自分を知る必要があるんだよ」

男は続ける。

「スポーツのように考えればいい。必ず入るシュートを打つことは不可能だ。野球であれば3割打てれば大打者なんだよ。すべてを実現できると思う必要はないんだ。**できなかった自分を責めるのではなく、できなかったことを検証**しよう。そして、**できた自分には褒めてあげよう。できることを一つひとつ増やしていこう。**それで充分だ」

「そう……ですかね」

「そう。不安は必要ない。君はただ進めばいい」

「そうですね。まっすぐに進みます。自分の道を」

最後の教えの実践

霧がかかるように、視界がぼやけだした。サウナの霧？

いや、この揺れるような視界はたぶん違う。サウナ自体がぼやけ始めているんだ。

僕は砂時計に目をやった。砂時計を流れる砂はすでになく、砂時計もまた、その存在を怪しくするように、薄くかすんでいる。

男は言った。

「さあ、時間だ。まもなく、ここにあるすべては消え去るだろう」

「……消えた後はどうなるんですか？」

「わからない……。またどこかには行くのだろう……。未来のどこかに。だが、どこに行っても、オレも進もう。生きている限り。……君と約束したからな」

男はそう言って、ふっと笑った。

「さあ、君は、もう、この場所から出たほうがいい」

「はい。ではお別れですね……」

男をまっすぐ見られなくなってうつむいた。

男は言った。

「最後に教えたことだ。別れのときはどうするんだった？」

僕は唇に力を入れて顔を上げた。最後の先生の教えを実践するために。

「別れは、笑顔で！」

「そうだ。元気でな」

「はい！　先生も！　ありがとうございました！」

そう言ってから、僕はサウナの扉のまで行った後、男に一礼をした。

男は笑顔のまま、僕を見送ってくれた。

そして、僕はサウナの扉を閉じた。

サウナ店員からの告白

僕はサウナの建物の出口に向かった。

何度も通ったサウナの入口も受付も、その存在をゆっくりと消し去るように、うすぼんやりとしている。

早く出なければ……。入口の扉に手をかけようとした僕の耳に、ふいに声が聞こえた。

「お兄さん」

振り向くと、店員が立っている。

「ご来店ありがとうございました！」

「あっ、はい。こちらこそ⁉」

戸惑いながら、僕は答えた。

そうだ、すっかり忘れていたが、サウナが消えてしまうなら、この店員はどうなるのだろう。

一緒に消えてしまうのだろうか。それとも、僕のように外に出ることができるのだろうか。

僕の心配をよそに、店員は明るく言った。

「このサウナは今日で閉店です。だから僕は……、明日から無職になってしまいますね」

そう言って、店員はケラケラ笑った。

「そ…、そうですか。残念ですね……」

「そう、残念です……。だけど良いこともありました」

「……良いこと？」

店員は僕をじっと見て言った。

「そう。良いことです。あの人が、少し笑顔になれたようだ」

あの人……？

「あの人はずっと重荷を背負っていた……。僕のせいで……。でもあなたのおかげで、少し心が救われたのかもしれません」

……え？　あの男のことを言っている？

「先生は、本当に真面目な人ですから……。どう考えたって、僕が悪いのに。僕が先生の教えを実践できず、欲望に飲み込まれてしまった……。こんなにも長い間、先生を苦しめてしまった……」

「もしかして……あなたは⁉」

店員は、人懐っこい顔で笑った。

「いや、今はただの店員っすよ。この人生を整えるサウナの、ね」

店員は、話を続ける。

「先生を救ってくれたお礼に、僕が砂時計に込めた意味を教えましょう。砂時計の意味は『永遠』です。先生の言葉がずっと僕のそばにあるように。そして、その言葉が、未来まで届きますように、と。

どれだけ命が巡っても、言葉なら未来へと羽ばたいていく。言葉を必要とする、すべての人たちの元へ。そうすれば、今だけじゃない。きっと、どの時代の人々にも幸せへの道が拓ける。永遠に続く人々の幸福への祈り。それが、僕が翼の生えた砂時計に込めた願いです」

そう言ってから、少し照れくさそうに言った。

「まあ、先生には、そんな恥ずかしいこと言わなかったですけどね」

店員は笑った。

「ああ、あと『ドムス・アウレア』。楽しみにしています。あなたならきっと素敵な場所をつくってくれる」

そう言って、人懐っこい笑顔を僕に向けた。

「さあ、もう閉店っす。すいませんね。時間にはきっちり閉める主義なんで」

そう言うと、僕は出口に促された
「ご来店、ありがとうございました。またどこかで」

そう言って店員は手を振った。淡い光に包まれながら。

ここは都内の、とある大衆居酒屋。

ビールを片手に、僕は人生について語る友人の話を聞いている。

「俺の人生さ、このままでいいのかなって、たまに思うんだよ」

僕はホッピーをかき混ぜながら、友人に言った。

「いいじゃん、仕事もうまくいってそうだし」

「いや、お前。人生って仕事だけじゃないだろ。俺たちの人生、いつになったら素敵な恋人ができるんだよなあ」

「そうだなあ、いつかなあ」

「なんだよ、お前は。なんか落ち着いちゃって。大人ぶっちゃってさあ」

友人は不貞腐れながら、ビールを飲み干した。

「ぷはあー。このキリッとしたのど越し。こんな凛とした女の子、どっかにいないかなあ」

友人はジョッキを置くと、キュウリをかじりながら言った。

「だからさ、こないだサウナに行ったんだよ」

「えっ、そうなの?」

「そうそう、なんかお前も楽しそうに通ってるから、オレも人生変えるために行ってみようと思ってさ」

「へー、そうなんだ」

僕の頭には、あのサウナがよぎった。

もう元あった場所にはサウナはない。そこには、最初から何もなかったかのように草の生い茂った空き地があるだけだ。あれは幻だったのだろうか。いや、そんなはずはない。

僕の中には、男の言葉がしっかり残っている。


友人が言う。

「そしたらさあ……、おかしなことがあって」

「んっ、何?」

「人生に役に立つことを教えてくれるっていうおじさんに出会ったんだよ」

えっ？　うそ!?

「そしたらさ、おじさんがこう言うんだよ。『あんちゃん。このサウナの近くにはな、

３００円で弁当が買えるスーパーがあるんだよ』って」

「べ、弁当？」

「『若いときは大変だろう。こういうのを活用してこそ、人生はうまくいくんだよ』ってさ」

「そ、そうか」

どうやら、勘違いのようだ。

「そう。だから、オレ、言ってやったよ。『うちの近くのスーパーはポイントバックを含めたら実質２９５円で買えますよ。おじさんもまだまだですね』って」

友人は何を張り合ってるんだ。

「そしたら、なんか大笑いされちゃって、『今度はいい居酒屋教えてやるから、また来いや』って。変だけど、気のいいおじさんだったよ。サウナっておもしろいなあ」

サウナにも、いろんな出会いがあるものだ。

僕は、野菜の盛り合わせの中から、キャベツを選んでかじった。

「サウナってのは、いろいろあるよなあ」

友人も、スティック状のセロリを選んで、パクッと食べながら言った。

「そうなのよ。サウナっていろんな種類あるじゃん。だからさ、いろいろ試したくて。今度一緒に行かない？」

「いいね。行こうか」

「どこがいい？　俺さ、マグマ式サウナってのに行ってみたいんだよね」

「何それ？」

「なんか溶岩で部屋の中、温めるらしいよ」

「なんかスゴそう！」

「他にはさ、アイスサウナってのもあるみたい。マイナス20度で体を冷やすらしいんだけど」

「何それ？　凍っちゃいそうだな」

「いろんなサウナあるから、どこがいいかわかんなくなっちゃうな。結局どこが一番いいんだろうな？」

サウナの種類を試したわけではないが、一番と言われれば、行かなくてもわかっている。

僕は自信を持って言った。

「一番と言ったら、やっぱりこれしかないかな」

「おっ、なになに？　どんなところ？」

「それはね」

熱いサウナもいい。寒いサウナもおもしろい。それぞれが、体に刺激を与えながら、それぞれの効能で体をほぐしてくれるんだろう。

でも、サウナと言えば、やっぱりこれだ。

「人生を整えるサウナだな」

本編のスピンオフ原稿として、
「恩恵」についての講義を描いた
書き下ろし原稿はこちら。

おわりに

僕とサウナの男の物語、いかがでしたでしょうか。

物語に乗せて、僕の心の師匠の思想を紹介させていただきました。

師匠の名は、1世紀のローマ帝国に生きた後期ストア派の哲学者であるルキウス・アンナエウス・セネカ。実際にサウナ（温浴室）で亡くなり、暴君ネロの師だった人です。

わかりやすい物語にするために、師匠をちょっとだけ盛らせていただこうと、渋い細マッチョな男にした挙句、死んだはずの場所で復活していただき、さまざまなフィクションを加えつつ、多少著者の我流の解釈も加えつつ、その哲学について語っていただいた結果、盛れるアプリくらい、しっかり盛った感じになったのが本書です（師匠、ごめんなさい……）。

詳しい人には「ネロはこんな人じゃない！」「セネカはこんな人じゃない」とか言

われるかもしれませんが、あくまで僕の妄想ですし、もしかしたらそうだったかもしれないし、そうだったらいいかもという願望ですので、お許しを。

子供の頃の「夢って何ですか？」という疑問から始まって、「夢を叶えなければ幸せになれない」という人生のストーリーに取り憑《つ》かれてきた僕にとって、師匠との出会いは衝撃的なものでした。

特に「『夢』を叶えることは、人を『幸せにしない』」という思想は、僕の人生の前提を完全に覆すものでした。

そして、「『幸せ』とは『自由』であることであり、自由にならないもの（夢も含む）への執着は捨て、自由になるものに注力することで幸せの実現を目指す」というのが中心的な思想として語られます。

「僕が幸せになれないのは、夢が叶わないからではなく、夢に囚われていたから」ということがわかったとき、これまでの妄念とも言える夢への執着が払われ、すっかり体が軽くなりました。

現代社会は、誤解を恐れずに言うなら、「経済を動かすために、欲望に成功・夢・

幸せといった美名を与えて賛美する社会」なのだと思います。だから、社会は手に入れたいという欲望を無批判に受け入れ、人の心は承認欲求にあふれる。

そのせいで、人は常に他人と比較して、勝っていると思うなら慢心し、劣っていると思うなら卑下し、成功している者を攻撃し、足元をすくって落とそうとする。SNSなんかはその温床です。

でも、それは刹那的に良いことはあっても、人を幸せにはしてくれない。それどころか、皆、心に傷を負っています。そんな社会にまともに付き合っていては、幸せになれるわけなどないのです。

そんな社会にもかかわらず、今の日本には、生き方の規範となるものがありません。「生き方を学ぶ機会がない」と言ってもいいかもしれません。生き方を知らずに、この混沌《こんとん》とした社会に飛び込むのは、裸で戦場に向かうようなものです。

幸せとは何か？

生きるとは何か？

夢とは何か？

考え方はもちろん人それぞれです。ですが、先人たちの知恵を知り、生き方を考える機会を得ることは、生き方を決めるうえで大切な一助になることは間違いありません。あなたにとって、本書がそんなきっかけになれば、そんなうれしいことはありません。

最後に――。

私に執筆のチャンスを与えてくれて、いつもおもしろいと言いながら読んでくれた森上功太編集長。「きっと乗せられてるんだな」と思いながら、最後まで気持ちよく乗せられたまま執筆することができました。

執筆でつまずくたびに「もうムリ！」と頭を抱えていた僕を、慰めることもなく、「原稿、進んでるのに、何言ってんの？」と立ち止まることを許してくれなかった奥様。

表紙を見ただけで素敵な本に見えるような、美しい表紙イラストを描いていただいた、わいっしゅ様、ぽち様。

何より、ルキウス・アンナエウス・セネカ様。僕の人生に変化を与えてくれるだけでなく、本を書くモチベーションまで与えてくれました。

この世に、ストア哲学という哲学を今まで伝えてくださった、ストア哲学にかかわるすべての皆さま。この知の集大成は人類の財産です。

本書をあなたに届けてくださったフォレスト出版営業部の皆さまと全国の書店の皆さま。皆さまなしでは、言葉を伝えることはできません。本当にありがとうございます。

そして、本書を最後までお読みいただきましたあなた。本当にありがとうございました。

あなたの人生が、自分らしくある人生であることを願っています。

2025年4月

浅桜　新

参考文献

『セネカ哲学全集』全6巻（大西英文 他編、岩波書店、2005〜2006年）
『自省録』（マルクス・アウレーリウス・著、神谷美恵子・訳、岩波書店、2007年）
『迷いを断つためのストア哲学』（マッシモ・ピリウーチ・著、月沢李歌子・訳、早川書房、2019年）
『ストア派哲学入門』（ライアン・ホリデイ・著、金井啓太・訳、パンローリング、2017年）
『エピクテトス　人生談義（上）』（國方栄二・訳、岩波書店、2020年）
『エピクテトス　人生談義（下）』（國方栄二・訳、岩波書店、2021年）
『初期ストア派断片集』全5巻（ゼノン、クリュシッポス 他・著、京都大学学術出版会、2000〜2006年）
『ネロ――暴君誕生の条件』（秀村欣二・著、中央公論新社、1967年）
『ストア派』（ジャン＝バティスト・グリナ・著、川本愛・訳、白水社、2020年）
『ローマ人の物語（17〜20）悪名高き皇帝たち（1〜4）』（塩野七生、新潮社、2005年）

【著者プロフィール】
浅桜　新（あさくら・あらた）
アニメプロデューサー。ストア哲学研究者。福岡県出身。
アニメプロデュースと共に、西洋哲学、特にギリシャ・ローマで生まれたストア哲学を研究。市井のストア哲学研究者として知られる。早稲田大学教育学部を卒業後、キャラクタービジネス、アニメ制作やプロデュースに従事。数多くの脚本制作に参加し、キャラクターやアニメを世に送り出す。キャラクターもアニメも、そして哲学もまた、人の心を癒し、感動させる思想的表現であるという考えを基に、ともすると難解になりがちな哲学を、明日を生きるための実践的エンターテイメントとして送り届けることに取り組む。「幸福」「夢」「感情」「命」等の人間の根源的なテーマを、哲学をベースにわかりやすく解説することに定評がある。

幸せな人生に「夢」なんていらない

2025年4月21日　　初版発行

著　者　浅桜　新
発行者　太田　宏
発行所　フォレスト出版株式会社
〒162-0824 東京都新宿区揚場町2-18　白宝ビル7F
電話　03-5229-5750（営業）
03-5229-5757（編集）
URL　http://www.forestpub.co.jp

印刷・製本　日経印刷株式会社

ISBN978-4-86680-311-1　Printed in Japan

幸せな人生に
「夢」なんていらない

読者の方に無料
特別プレゼント

本編のスピンオフ原稿
「恩恵」についての講義

（PDF ファイル）

著者・浅桜 新さんより

本編のスピンオフ原稿として、「恩恵」についての講義を描いた書き下ろし原稿を読者特典としてご用意しました。本編の番外編としての裏講義が楽しめる内容になっています。本書の読者限定の貴重な特典です。ぜひダウンロードして本書と併せてご活用ください。

特別プレゼントはこちらから無料ダウンロードできます↓

http://frstp.jp/arata

※特別プレゼントは Web 上で公開するものであり、小冊子・DVD などをお送りするものではありません。
※上記無料プレゼントのご提供は予告なく終了となる場合がございます。あらかじめご了承ください。